SONHOS DE CONCRETO

Blucher

SONHOS DE CONCRETO

Diário de uma psicóloga em um hospital-prisão

Ingra Venturini Nicolai

Agradecimentos

À minha família, que sempre esteve comigo, mesmo distante.

À Profa. Áurea Rampazzo, pela generosidade e confiança em meu propósito.

À Profa. Dra. Tania Aiello Vaisberg, pelas orientações e cuidado comigo, sempre que possível e desde minha graduação.

Aos colegas de profissão, que estiveram comigo em minha caminhada.

Diretamente do vale das saudades

Onde a dor é constante e o sofrimento parece não ter fim

Onde os únicos momentos de felicidades são os sonhos...

Frase escrita na parede da cela 67 por autor desconhecido.

Conteúdo

Eu tava lembrando da nossa primeira entrevista
meu leito bagunçado, eu todo atrapalhado, expulsando as formigas...
A Sra: batia na porta, e pediu licença pra entrar
Sou a psicóloga Ingra, muito prazer podemos conversar?...
Eu não sabia que falar, apenas concordei
No início eu tava tímido, após alguns minutos eu desabafei...
Falei sobre a minha infância, tu perguntava e eu respondia,
Mostrei fotos do meus filhos, e com vergonha cantei uma musica minha...
Você me escutou totalmente atenciósa
me elogiou e falou que a letra era maravilhósa...
Ouvir isso de uma psicóloga me deixou admirado
Agradeço o incentivo, e de verdade muito obrigado...
Você pediu uma musica e me deu um papel
Agora vou falar um pouco da minha vida como Réu...

A Sra: que é psicóloga só no olhar sabe distinguir
Se a pessoa fala a verdade, ou se está tentando mentir...
Eu que ja perdi 10 anos dentro da cadeia
te falo com todas palavras o crime não compensa...
Mas, eu só pensei depois que fiz a burrada
tava foragido e mesmo assim traficava...
A sentença vai ser pesada, dói só em pensar
que o juiz vai bater o martelo, e sem dó vai me condenar...
Claro que eu errei, eu não nego pra senhora
mas o sistema carcerario do brasil é uma droga...
São agentes despreparado, tratamento desumano
cela que é pra 12 preso, tem quase 50 fulanos...
Varios doentes e nenhuma assistencia médica
e no ar livremente a tuberculose plorifera...

A tv fala que os presos se alimenta muito bem
e tem varias mordomias as custas de alguém...
A comida é azeda e as vezes com caco de vidro
Sem contar que na cadeia os presos são muito oprimido...
Não foi atoa que eu pulei lá do 4º andar
entre viver sendo oprimido era mais lucro me matar...
Só que eu sobrevivi e tirei esse pensamento da mente
Confesso que fui burro, infantil e inconsequente...
E daqui pra frente vou escrever uma nova historia
Viver o presente, pois oque passou não volta...
Claro que eu sinto saudades dos filhos e familia
é por eles que vou fazer canções, versos e poesia...
Vou terminar os estudos e quando sair fazer faculdade
A liberdade não tem preço e sonho não tem idade...

Apresentação

A vida dentro de uma prisão é como um livro em branco. Há inúmeras histórias surpreendentes a serem contadas todos os dias, porém acabam passando despercebidas aos olhos da sociedade, escondidas por trás dos muros de concreto. E se perdem. Quando percebi isso, decidi contar algumas delas. E contar a minha história, como psicóloga, a partir delas. Principalmente, porque percebi que foram responsáveis pelo meu crescimento, pessoal e profissional. Talvez eu possa proporcionar reflexões significativas aos leitores a partir de minhas vivências. Pelo menos esse é meu objetivo.

Muitos podem estar se perguntando por que eu escolhi trabalhar em um hospital penitenciário, mas a verdade é que ele me escolheu, nos caminhos que a vida me apresentou, e eu agradeço por isso. Não digo que foi uma tarefa fácil.

Em relação ao meu livro em branco, aos poucos ele foi tomando forma. Inicialmente, em meio a uma pandemia, decidi sentar-me em casa para escrever cada palavra, ouvindo uma música de fundo e em isolamento social. Difícil explicar o sentimento que transitava de uma prisão para a outra, da minha casa para o trabalho. Então, decidi transitar também pelos meus pensamentos, pela escrita e pela imaginação, para sair um pouco do convencional, para esquecer um pouco da angústia, do incerto, de estar só.

Depois de dois anos escrevendo apenas para mim, percebi que talvez fosse importante dividir tantas histórias reais e pouco conhecidas, tão humanas e que me proporcionaram um amadurecimento emocional imenso. No final, minha história como psicóloga e como mulher, dentro de uma prisão (machista e opressora), acabou se misturando com outras histórias escondidas, que precisam ser contadas.

Neste meu encontro com vocês, leitores, espero que minhas palavras possam servir de impulso para as suas reflexões sobre a vida. Pensando no porquê vale a pena lutar por ela e por uma sociedade mais justa e igualitária, já que fazemos parte dessa sociedade e ela faz parte de nós.

1. Quarto escuro

Sou uma mulher comum. Uma mulher de 29 anos, deitada de bruços na cama, pensativa, em uma segunda-feira de setembro, também comum. Uma música calma toca ao fundo no quarto escuro, algumas lágrimas escorrem no meu rosto. Em nenhum momento quero que pensem que estou triste. Na verdade, estou um pouco, não vou mentir. Mas de uma forma diferente, pois me encontro escrevendo sobre essa tristeza com uma sensação de liberdade imensa. Escrevendo sobre uma experiência enriquecedora e inesquecível, que eu gostaria de compartilhar. Experiências, compartilhadas, nos fazem evoluir como um todo. Como sociedade.

É muito importante aprendermos a olhar para o significado da existência dos outros na nossa existência. Aprender a enxergar além de nós mesmos.

A partir deste quarto escuro, falo sobre um hospital penitenciário. Precisei desta escuridão, em ambos os sentidos, para entender o que é liberdade. Primeiramente como mulher, depois como psicóloga e, finalmente, como ser humano que vive em sociedade e entende que, enquanto não amarmos e respeitarmos uns aos outros, oferecendo condições mínimas de sobrevivência e educando as nossas crianças, não conseguiremos vencer a violência, a desumanidade, o sofrimento e a pobreza – características bem marcantes dentro do sistema carcerário brasileiro.

2. A solidão

Solidão é uma palavra forte, impositiva, desafiadora. Digo desafiadora, porque nos coloca em um lugar incômodo, onde estar sozinho ou sentir-se sozinho constitui uma ideia fantasiosa de inferioridade. Substantivo feminino abstrato. Abstrato porque não é concreto, não é palpável. É ser, estar, sentir, vivenciar. Ou seja, a solidão é vivida, sentida e pensada de diferentes formas, por diferentes indivíduos, em diferentes contextos e situações.

Longe de clichês pouco fundamentados, a solidão pode ser muito apreciada, dependendo da forma como se olha para ela. Ela pode ensinar muito e mostrar que a plenitude é construída sobre vazios. A partir deles e do sentimento incômodo de estar solitário é que nos movimentamos, nos questionamos, buscamos e construímos.

Donald W. Winnicott (1896-1971), pediatra e psicanalista inglês, leva-nos a perceber que a certeza representa o padrão da doença e a incerteza gera ansiedade por decorrência da liberdade de escolha.

É essa ânsia de poder escolher, errar e acertar que nos impulsiona. Que nos dá possibilidades de criar e de ser o que quisermos. A prática psicológica me ensinou que o questionamento é sinônimo de sanidade. Quem tem certeza de tudo, o tempo todo, certamente está mais próximo da psicose do que imagina.

O sentimento de solidão, tanto meu (por ser mulher dentro de uma instituição extremamente machista e opressora) como dos meus pacientes privados de liberdade, me impulsionou a escrever este livro. Senti a partir e por meio deles e, principalmente, aprendi que não há prisão que nos impeça de desenvolvermos nossa criatividade, nossas capacidades como seres humanos. Pelo contrário, são as prisões (físicas e subjetivas) que nos fortalecem e nos impulsionam a buscar e descobrir o que temos de mais rico dentro de nós mesmos.

3. Toda história tem seu começo

Comecei a trabalhar como psicóloga, oferecendo assistência a pacientes privados de liberdade, no início de 2020, na cidade de São Paulo, em meio a uma pandemia (SARS-CoV-2) e durante o isolamento social.

Eram duas situações inéditas, e a insegurança fazia parte dos meus dias. Não sabia quando a pandemia terminaria e tinha medo de me contaminar, além de trabalhar em um local com certo grau de periculosidade, longe de meus familiares.

Ao chegar nas proximidades do hospital penitenciário, pelas ruas vazias e sem o trânsito caótico da cidade grande, era possível observar um conjunto habitacional popular. Eu passava por uma pequena e estreita rua onde, diariamente, homens jogavam baralho (sentados a uma mesinha improvisada), em frente a um bar de esquina com a porta entreaberta e sempre lotado, às oito horas da manhã. Precisava tomar cuidado para não atropelar homens alcoolizados e maltrapilhos atravessando a ruela. Além disso, era possível observar crianças brincando e correndo de um lado para o outro; adolescentes grávidas e com seus filhos nos braços indo comprar o pão da manhã e roupas penduradas em varais comunitários, nas janelas ao redor.

Nos dias de visita aos pacientes era possível observar a presença de tendas montadas nesta ruela, ao redor do hospital, onde havia uma variedade de produtos à venda, já que muitos dos visitantes tinham suas roupas ou pertences barrados na entrada, pela segurança.

Ao entrar no hospital, seguia em direção ao estacionamento e percebia a presença dos "bondes" estacionados, pequenos caminhões cujas partes traseiras são totalmente fechadas (com alguns buracos para a passagem do ar) e que transportavam os pacientes até o hospital, para atendimento ambulatorial.

Alguns pacientes relatavam viagens longas e difíceis; passavam calor dentro do espaço pequeno, escuro e apertado dos "bondes", sem a possibilidade de ir ao banheiro. Segundo relatos, muitas vezes passavam mal e vomitavam. Lembro-me de um atendimento realizado com um paciente de uns 20 e poucos anos que comentou sobre a dificuldade de viajar portando uma bolsa de colostomia (adquirida em cirurgia após ferimento por arma de fogo). O caminho até o hospital, segundo ele, era igual para todos, independentemente das necessidades de cada um, portando uma doença contagiosa ou não.

Após estacionar o carro, eu seguia adiante, entrando no prédio por uma porta de concreto, aberta pelos agentes penitenciários. Depois de ser revistada por uma mulher, deixava meus pertences em uma caixa de plástico para revista (em uma máquina com detector de metais) e também passava por ela. Precisava, diariamente, prestar atenção em minhas vestes (principalmente em roupas íntimas) para não colocar alguma peça com metal e ser impedida de entrar pelo detector. Deixava meu celular no carro, pois não era permitida a sua entrada. Também levava meus pertences e alimentos dentro de potes de plástico ou sacolas transparentes.

Posteriormente, passava por uma parte externa até chegar em uma outra portaria com mais agentes e mais um detector de metais. Então estava dentro do hospital, e finalmente passava por um último portão de ferro que era controlado por outros agentes penitenciários. Era possível ver no jardim interno, pelas grades, algumas mudas de rosas que enfeitavam e traziam um pouco de vida a um ambiente onde dificilmente entrava a luz do sol, já que ela não atravessa as grossas paredes de concreto. Todos os dias, ao sair do hospital, colocava as mãos sobre os olhos, pois eles desacostumavam-se com a luz. Essa é uma imagem que guardo na memória, até hoje.

Um hospital penitenciário apresenta algumas particularidades distintas dos hospitais comuns. Uma delas é a segurança, que tem maior poder institucional do que os profissionais da saúde. Ao mesmo tempo, uma similaridade com outros hospitais se dá pelo fato de que nós, psicólogos, sempre estamos nos movimentando com o intuito de conquistar cada vez mais nosso espaço dentro das instituições, provando que o cuidado com a saúde mental é fundamental – tanto para os colaboradores como para os pacientes. Muitas pessoas não compreendem o trabalho de um(a) psicólogo(a), e a falta de conhecimento sobre esse trabalho é extremamente prejudicial, principalmente aos pacientes.

Inicialmente, me sentia segura lá dentro. Qualquer indivíduo que não tenha conhecimento sobre um hospital penitenciário provavelmente pensaria que é um local muito perigoso, partindo de um senso comum. Entretanto, a partir do momento em que comecei a atender meus pacientes (com o mesmo receio), me foi dito que o hospital é a "princesinha" do PCC (Primeiro Comando da Capital), facção que tem domínio sobre o crime no estado de São Paulo. Segundo eles, o hospital é "o único lugar do sistema prisional que os trata como seres humanos" e não seria inteligente desrespeitá-lo. Qualquer desrespeito com algum funcionário era "punido" pela facção. Eles seguiam o que chamavam de "ética" particular.

Estranhamente, os pacientes acabaram sendo o menor dos meus problemas. Na verdade, eles foram minha inspiração para suportar algumas particularidades institucionais. Quando se trabalha em uma instituição total, como a prisão, é necessário se "institucionalizar" também, obedecendo regras e ideologias que nem sempre correspondem às suas. Este foi um dos motivos pelos quais, provavelmente, eu não consegui me manter lá dentro durante muito tempo.

Em seu livro intitulado *Manicômios, prisões e conventos*, o sociólogo norte-americano Erving Goffman (1961/2015) estabelece o conceito de "instituição total" como um local de residência e trabalho, onde muitos indivíduos em situações semelhantes, separados da sociedade mais ampla por considerável período, levam uma vida fechada e formalmente administrada. Os indivíduos privados de liberdade participam de forma involuntária da instituição e sofrem os efeitos que esta causa em suas relações sociais. Os profissionais, a

Precisava estar atenta a qualquer tentativa de sedução, pois esse era (também) um meio de sobrevivência para eles. Muitos inventavam, supervalorizavam, encenavam sintomas para ficarem no hospital penitenciário, que, segundo eles, apresentava melhor estrutura do que a maioria das unidades prisionais – superlotadas, com alimentação precária e pouca assistência à saúde.

Acho primordial pontuar a importância de uma equipe multiprofissional. No hospital penitenciário em que trabalhei, a equipe multiprofissional tinha total liberdade para discutir casos clínicos e realizar atendimentos em conjunto. Isto fazia com que o trabalho fosse muito mais efetivo, já que representava a compreensão do ser humano como um todo, como eu sempre defendi. Sempre atuei a partir de uma perspectiva biopsicossocial, e não biomédica. Não vejo a saúde apenas como a ausência de doença, seguindo um modelo reducionista e cartesiano pelo qual se entende que o indivíduo é um agente passivo em seu processo de saúde/doença. Defendo que o indivíduo é um todo, em todas as suas dimensões biológicas (orgânicas), psíquicas, sociais e espirituais. Além disso, é um agente ativo no seu processo de saúde/doença. No hospital penitenciário, a equipe multiprofissional trazia a esperança de que era possível oferecer um atendimento humanizado e eficaz para os pacientes privados de liberdade – isso quando a segurança penitenciária, com pouco conhecimento sobre nosso trabalho, não atrapalhava.

4. Delinquência e esperança

De acordo com o pediatra e psicanalista D. W. Winnicott (1986), em seu livro *Tudo começa em casa*, quando se fala em delinquência é preciso entender que em todos os casos houve um começo; nesse começo havia uma doença, e a criança se tornou, então, uma criança carente.

Sua tese principal é que a tendência antissocial está inerentemente ligada à privação – ou seja, um fracasso específico é mais importante do que um fracasso social geral. Para a criança, pode-se dizer que as coisas iam bem, mas de repente começaram a não ir tão bem assim. Ocorre uma modificação que altera a vida inteira da criança, e essa modificação ambiental acontece quando a criança já tem idade suficiente para entender as coisas.

É possível afirmar que, de acordo com a perspectiva winnicottiana, a tendência antissocial não é um diagnóstico. Pode ser encontrada em um indivíduo neurótico ou psicótico, como também pode ser encontrada em indivíduos de todas as idades. A partir do momento em que a criança sofre privação, passam a lhe faltar características essenciais da vida familiar. Dessa forma, a tendência antissocial caracteriza-se por um elemento que compele o meio ambiente a ser importante. Quando uma criança apresenta uma tendência antissocial, certamente o ambiente e o contexto familiar não foram suficientemente bons.

A tendência antissocial implica esperança, segundo o autor. Também indica a perda de algo bom que foi positivo na experiência da criança, até uma certa data, e que lhe foi retirado. A retirada se estendeu por um período maior do que aquele em que a criança podia manter viva a lembrança da experiência. Seguem-se duas direções, o roubo e a destrutividade. Seguem-se duas tendências, a busca de objeto e a destruição.

Acrescento, então, um questionamento apresentado por Chinalia (2012): haveria uma relação entre humilhação e delinquência?

A autora coloca experiências de humilhação social e institucional como um fenômeno concreto, decorrente do modo como vem se organizando, historicamente, a sociedade em que vivemos, em termos sociais, econômicos e políticos.

De acordo com Gonçalves Filho (1998), existem três aspectos importantes da humilhação social, que ele define como "uma modalidade de angústia disparada pelo enigma da desigualdade de classes". Em primeiro lugar, o autor apresenta o conceito de morador impedido, propondo uma análise dos bairros pobres nos grandes centros, que são fruto da extrema mobilidade das famílias de baixa renda. Em segundo lugar, aborda a questão do trabalho como a única esfera na qual aqueles que vivem em precariedade social encontrariam serventia e motivação, em detrimento do valor individual e dos laços sociais. Por fim, destaca o papel excludente dos grandes centros urbanos, nos quais os espaços coletivos parecem servir a todos, menos aos pobres.

Carreteiro (2003) também apresenta uma tese interessante sobre "sofrimentos sociais". O autor identifica na sociedade contemporânea a vigência de dois tipos de imaginários: o da excelência e o da inutilidade. No primeiro, destacam-se a excelência, a superação de si próprio, o triunfo e a perfeição. O segundo se apresenta a partir das diversas formas de exclusão, considerando a falta de sucesso e a desqualificação. Condições humilhantes gerariam, então, uma forma de defesa que ele denomina "lógica da virilidade", que consistiria na adoção de comportamentos violentos como forma de rebeldia, na busca de heroísmo para obtenção de reconhecimento. Um dos caminhos para a realização dessas estratégias, segundo o autor, seria o tráfico de drogas e a criminalidade.

Era comum ouvir dos pacientes privados de liberdade o quanto lucravam com facilidade no tráfico e como ofereciam uma "vida de princesa" às suas mulheres e familiares. Era incrível perceber que o sonho da maioria era possuir um automóvel de luxo, uma mansão em um bairro nobre e um tênis de marca. Isso significava sucesso, independentemente de quais vias fossem necessárias para conquistá-lo. Já cheguei a ouvir um relato aflito de um paciente, dizendo que apanhava de chicote do pai quando criança, tanto ele quanto a mãe. Então, quando cresceu e ganhou dinheiro com o tráfico, mandou banhar o chicote a ouro e o enquadrou para colocar pendurado na parede de sua sala. Não posso afirmar tal fato como verídico ou fantasioso, mas, seja como for, certamente tem um significado.

Os pacientes em questão, em sua maioria, transitavam por campos de desamparo, medo e desesperança. Dessa forma, sempre almejei auxiliá-los na busca da reparação de lacunas impostas pelo ambiente em algum momento precedente, retomando experiências emocionais positivas que poderiam ter se perdido. Proporcionar, mesmo com as dificuldades institucionais, uma possibilidade de esperança no viver.

Sempre tentando me adequar e me adaptar às regras impostas pelo ambiente institucional, me preocupei em oferecer aos meus pacientes privados de liberdade o suporte frente ao desamparo, possibilitando a retomada de um amadurecimento saudável e o vislumbre das perspectivas de futuro, promovendo espaços que estimulassem o diálogo e a reflexão, essenciais para que conseguissem ressignificar conteúdos pessoais. Cada vez mais exercitando minha criatividade, tendo como inspiração a criatividade deles.

Geralmente, durante os atendimentos, eu estava de frente para uma criança que não havia recebido o suporte de que precisava, quando precisava. Tenho consciência de que eu era vista por muitos profissionais como uma mulher jovem (28 anos), com uma visão romantizada do crime, ingênua. Cheguei a ouvir comentários desse tipo. Porém sempre tive certeza da importância da minha visão mais humana sobre meus pacientes e mantive minha posição. Vi os resultados do meu trabalho e confiei. Sempre que entrava nas celas dos meus pacientes, recebia palavras de agradecimento por "tratá-los igual a seres humanos". Na minha cabeça, inicialmente, isso não fazia muito sentido. Para mim, isso seria o mínimo que um ser humano deveria oferecer ao outro.

A realidade no sistema prisional brasileiro, entretanto, é um pouco diferente. A partir do momento em que comecei a ser percebida por alguns agentes penitenciários como alguém que tratava os pacientes como seres humanos, acabei me tornando, também, refém de um sistema perverso, machista e desumano. E foi assim que conseguiram me tirar de lá, tentando me calar. Na verdade, não os culpo, a assistência do Estado à polícia, a meu ver, também deixa a desejar. E alguns (há exceções) acabam corrompidos, adoecidos e violentos.

Mas o que aconteceu comigo vou relatar no final deste livro.

Antes, quero contar algumas histórias marcantes que vivenciei lá dentro.

Meus pacientes eram mulheres e homens, cisgêneros e transgêneros, maiores de idade (18 anos). Eu era responsável pela Clínica Médica e Fisiatria, ou seja, atendia pacientes em reabilitação neurofuncional, com ferimentos por armas de fogo; oncológicos; vítimas de acidente vascular cerebral (AVC) ou traumatismo cranioencefálico (TCE), dentre outros. Muitos dos pacientes também eram dependentes químicos. Acho importante dizer que o sistema prisional brasileiro, de acordo com a literatura e com a minha experiência, apresenta muitos casos de suicídio ou tentativa, em decorrência da falta de assistência à saúde mental. Trata-se de um número significativamente maior em relação à população em liberdade. Recebi muitos casos de automutilação, tentativas de autoextermínio, como uma alternativa para "fugir" do sofrimento que era viver em isolamento social, sob constante violência física e psicológica.

No hospital penitenciário, os pacientes ficavam divididos por alas, dependendo da facção de que faziam parte ou do crime que cometeram. Mulheres também ficavam separadas. Eu podia entrar nas alas que dispunham de enfermarias e leitos individuais, ou chamá-los em minha sala. Também realizava atendimentos ambulatoriais, quando os pacientes não estavam internados, mas chegavam de "bonde" para meu atendimento e voltavam para sua unidade prisional de origem.

Todos se comunicavam por meio de "vulgos". Comigo não foi diferente. Muitos diziam que eu precisava de um vulgo e que eu era uma "senhora mil grau". Senhora por sinal de respeito, "mil grau" por ser "gente boa", segundo eles. Esse foi um dos apelidos mais carinhosos que já recebi, por incrível que pareça, pelo seu significado. E engraçado também.

5. Um sonho assombrado

Entendendo que meu encontro com os pacientes era uma experiência nova e enriquecedora, tanto para mim quanto para eles, comecei a observar algumas particularidades. Uma delas é que muitos nunca haviam falado sobre seus sonhos e, principalmente, nunca haviam pensado no significado deles.

Seria talvez esse um privilégio do consultório particular?

Não para mim. Inicialmente, pensei se seria efetivo trabalhar os sonhos de indivíduos que vivem na marginalidade e em situação de vulnerabilidade, mas o fiz. E obtive um ótimo resultado. Desconstruindo, provavelmente, meu próprio preconceito.

Tudo começou quando um de meus pacientes começou a relatar sonhos angustiantes sobre sufocamento, sobre morte e claustrofobia. No momento em que comecei a trabalhar o significado dos sonhos, a partir de suas experiências, ele deixou de temê-los e começou a tentar interpretá-los sozinho, da sua forma. E isso foi maravilhoso. Independentemente da interpretação que ele fizesse, não era o certo ou o errado que me interessava, e sim a possibilidade que nosso encontro lhe proporcionou, de entrar em contato com suas próprias angústias e significá-las.

É muito importante o valor terapêutico do sonho, independentemente de como ele é interpretado. A capacidade de sonhar, rememorar e contar o sonho, como defende Winnicott (1975), se dá como um fator propiciador de integração do material onírico à experiência pessoal do indivíduo, isto é, ao seu *self.*

Nego Bala (vulgo fictício), era um paciente que sofreu um acidente automobilístico em uma fuga. Ao fugir da polícia, seu carro capotou e ele foi capturado. Chegou à emergência de um hospital externo e, depois de receber os cuidados emergenciais, seguiu para o hospital penitenciário. O paciente ficou internado para reabilitação motora e recebeu tratamento da equipe multiprofissional. Ficou em cadeira de rodas, com dificuldade para andar.

Durante um atendimento, me contou sobre um sonho e posteriormente me deu esta carta:

> Dotora Ingra, vou falar sobre o sonho...
>
> Tive um sonho orrivel onde nesse sonho tinha uma cavera de capa preta tentando entra dentro do meu corpo e eu brigava com ela tentando vira de posição dormindo e não conseguia tenta abri os olhos e não consegui quando consegui grita enfermeira veio uma mulher de cadera de roda toda de preto com cara de demônio depois de muita luta consegui vouta acordei todo suado e respirando fundo e muito assustado.
>
> Foi a pior censação que tive pois pensei que aquela cavera fosse a morte e vinha me buscar. Foi o pior sonho que eu já sonhei em toda a minha vida. Nisso amanheceu e fiquei com medo de dormi foi quando a Dotora veio me atender ai contei o sonho para a Dotora. Foi quando a Dotora me passou um modo de intepretação na hora que estavamos conversando eu via de outra maneira mais depois que a Dotora foi embora e comecei a tentar intender o que você avia interpretado e que tinha uma lojica o que você me disse e agora vejo que a luta que tive com a cavera é a mesma luta que vou ter que ter com a cadera de roda e contra a cavera eu venci fé em Deus. Contra a Cadera vou vencer também. Gostei muito da sua intepretação fais muito sentido sim você é muito inteligente dona Ingra gosto de conversa com a Dotora pois para aprendermos nessa vida devemos andar com pessoas mais

inteligente do nós mesmo porque se andar com pessoa conversa com pessoas mais burra do que eu não vou aprende nada. Quando era mais novo minha mãe fala que iria me levar no pscicologo e totalmente diferente do que eu pensava vocês nos deixa a vonta para conversa de coisas que as vezes nem com nos pais iriamos conversa. Me sinto muito a vonta quando converço com a senhora é isso espero que goste. Obrigado!

Após receber essa carta, falamos mais sobre sonhos nos atendimentos, e todas as vezes que ele me entregava um sonho escrito, colocava sua interpretação, por livre e espontânea vontade. Como nos dois sonhos a seguir:

SONHO 1:

O sonho da Tinta!
Foi assim eu tava aqui no
Leito onde uma pessoa na
qual não consegui ver o
Rosto. despejava uma lata de
Tinta preta na minha Boca
Essa tinta eu conseguia engoli
depois despejo uma amarela essa
Eu engoli um pouco até transborda
E coi escorre pelo Boca tipo
me sufocando.
agora vou fala o que penso desse
sonho que no momento o que tá
me sufocando é a situação que
Eu me encontro lutando para voltar
a andar bem e isso o meu
modo de pensar e é isso!

SONHO 2:

O sonho que caia de um
Predio!
Estava ne um predio foi quando
tropicei-e cai mas quando
Eu ia chegar no chão e me
espatifa e morre eu acordei.

Eu vejo que isso pra mim
Que diser que no acidente não
morri que nem no sonho
Por que Deus me deu uma
nova oportunidade de vida
Para que eu possa ter uma Vida
melhor de hoje a diante Bom
É isso que penso espero que
entenda e é isso.

6. Um sonho que virou fumaça

Em uma terça-feira de março, conversava com Tripa (vulgo fictício), um dos pacientes mais difíceis que encontrei durante minha experiência no hospital penitenciário. Um rapaz de 19 anos, que havia sido internado em decorrência de um politrauma, após fuga da polícia e fingir-se de morto para não ser executado (deitado no asfalto, atingido por arma de fogo).

Quando começamos a conversar, ele me contou que ouvia vozes. Também disse que tinha medo de ficar louco. Explicou que tinha sonhos muito bizarros (o que geralmente acontece com os pacientes que saem de uma cela superlotada e barulhenta, para ficarem presos em um leito individual, sozinhos). Acolhi suas angústias, ofereci suporte emocional e fiz um pedido de consulta para a psiquiatria. Também entreguei uma caneta e uma folha para que ele escrevesse sobre seus sonhos.

Quando retornei para o segundo atendimento, o paciente me contou que recusou o atendimento do psiquiatra, dizendo que estava melhor. Mas, na verdade, estava com medo de ser prejudicado. Disse que iriam colocar na sua ficha que ele é louco. Mesmo eu explicando que isso não aconteceria e orientando, ele não aceitou. Enfim, combinamos que mesmo assim eu tentaria ajudá-lo. Contou-me sobre sua vida no crime, desde os 14 anos, e pontuou:

— Eu nasci no meio disso, senhora. "Pá-pum." Pra mim isso sempre foi normal.

— A senhora voltou? Achei que não vinha mais. E vai ficar muito irritada comigo.

Eu, então, questionei o porquê.

Ele disse:

— Fumei o sonho senhora. Achei que a senhora não vinha mais e "*pá*", fumei.

Os pacientes usam folhas de papel sulfite para bolar um fumo de corda chamado arapiraca, que é permitido dentro dos presídios. Já vi alguns bolarem o fumo em cascas de banana, na falta de seda ou folha sulfite. Cigarros também são permitidos e chegam até eles quando os familiares enviam os chamados "Sedex", com produtos de higiene pessoal e outras coisas permitidas pela segurança.

Então, eu respondi:

— Magnífico! Isso foi muito significativo, não é mesmo? Você achou que eu tinha te abandonado, acabou reproduzindo sua raiva no sonho e acabou o queimando e fumando como um cigarro.

Ele respondeu, confuso:

— A senhora é meio chapada, né? Mas é verdade!

E riu.

No final das contas eu acabei rindo daquela situação também.

Durante nossos encontros, o paciente falava muito sobre suas vivências. Tiroteios, roubos e morte. Eu, então, questionei se ele sentia que faria sentido continuar colocando a própria vida em risco.

E ele respondeu:

— Ué, e a senhora não tá colocando a sua? Não tem amor à vida, então? Na rua eu podia tá assaltando a senhora.

Eu disse:

— Olha, eu acredito que não estou. Confio em você.

Mas confesso que, após finalizar a sessão, pensei na sua fala. De fato, a instituição nos permitiu estarmos sentados um de frente para o outro, pois me coloca em uma posição de "poder" sobre ele. Na rua, a chance de isso acontecer seria pequena. É uma sensação estranha, confesso. Que não consigo descrever, ainda.

É nítido o distanciamento social existente entre nós. Também me entristece percebê-lo me vendo como uma "mente pensante", como alguém que nunca veria algo de bom em sua imagem. De certa forma, na rua, somos "guiados" pelas imposições sociais. Dentro do hospital penitenciário, somos dois seres humanos, que não são rivais. Isso me traz certa esperança da possibilidade de um diálogo e aproximação.

Cheguei a perguntar para Tripa qual era a expectativa de vida de um homem dentro do crime, na visão dele. Ele pensou, depois de um tempo me respondeu que era de aproximadamente 18 anos de idade. Começou a lembrar-se de amigos que perdeu aos 14 ou 15 anos de idade, assassinados. Eu, então, perguntei se era isso que ele esperava para a sua vida. Ele abaixou a cabeça e não me respondeu. Talvez ele tenha sentido a mesma angústia que eu senti ao fazer esta pergunta.

No final, quando o paciente foi embora do hospital, me escreveu uma carta enorme, que eles chamam de "pipa". Nela, ele pedia desculpas por não confiar em mim. Dizia que aprendeu que não se pode julgar as pessoas pela aparência e que teve a sorte de encontrar alguém como eu, parecida com sua mãe. Explicou que teve um amigo que foi levado para um hospital de custódia e nunca mais saiu. Além disso, quando pequeno, sua mãe o levou em um médico psiquiatra (que o medicou) e ele ficou assustado. Por isso a recusa do psiquiatra. Confesso que fiquei emocionada.

E como muitos que me enviaram "pipas" de despedida e agradecimento, ele escreveu que eu era uma senhora maluquinha, mas "mil grau".

Interessante, mas ainda tento entender por que me enxergavam assim. Talvez, porque eu os tratasse como seres humanos – o correto, embora não muito comum dentro do sistema prisional. Dessa forma, eu era considerada maluca por ser diferente. Confesso que, com o passar do tempo, ouvir isso se tornou gratificante para mim.

Em sua carta, Tripa dizia o seguinte:

> Meu não repara na minha letra e nos erro de caligrafia só estudei até o 7º ano ta bom kkk...
>
> Bom dia ou ate mesmo uma boa tarde, espero que se encontre ben. A situação e a seguinte eu não sei quando vou poder converçar novanente com você. Por tanto vou começar me retratando con você. Siceramente te peço desculpas se em algun momento te magoei ou ti ofendi com palavras sei que você não gostou quando ti chamei de loca mais falei apenas por falar por conta do seu jeito de ser meio maluquinha e extrovertida mais novamente te peço desculpas eu espero que você não tenha levado para o seu coração sei que você é sentimental mais tabém uma mulher que sabe entender muito ben uma brincadeira. Bom agora quero te agradecer por me ajudar e tabém por ter muita paciencia comigo eu as vezes sou cabeça dura e difícil de entender sei que tamben sou unpouco poblematico eu demorei um pouco para perçeber que você só queria me ajudar sempre visando o meu ben mais sou um serumano e tabém erro e o meu erro foi ter demorado para te conpreender todos os seus concelhos me fez pensar diferente e conseguir ver que voçe é uma mulher mil grau con todo o respeito me escultou e me concientizou e me deu vários motivos para mim mudar de vida a não ser a minha mãe voçe foi a única pessoa que conseguiu me entender o porque eu entrei nessa vida loca mais infelizmente acabei ficando cego e olha no que deu e onde eu vin parar e foi preciso eu ter una ajuda para voltar a enchergar meu nunca nessa vida eu pesei que ia encontrar una pessoa que e troucesse para a realidade e foi voçe. Até parece que foi enviada por deus pedi muito para ele por una pessoa em meus caminhos para poder me ajudar demoro mais chego ele tarda mais não falha. bom agora não sei qual vai ser o meu rumo e para qual direção devo seguir mais pode te certeza que voçe sempre vai estar em meus pensamentos para me ajudar e me trazer enegias positivas porque sei e tenho certeza que voçe e una otina pessoa.

> Eu parei para escultar os meus pensamentos e fiquei vigiando porque são vários certa hora acabei me perdendo não sei se é locura queria poder dividir iss que sinto com alguén mais tenho um pouco de medo das pessoas me julgar tanbem gostaria de dividir con voçe mais tabém fico com receio pois não consigo imaginar como voçe reagiria por tanto acho melhor guardar isso para min mais quem sabe um dia possanos nos reencontrar certo e dividir esse poblema com voçe e fiquei muito chatiado com voçe quando voçe queria me trazer o pisiquiatra para min avaliar mais tanbén entendi voçe e claro que voçe pensa que tenho algun poblema eu agora acho que era melhor eu ter passado com ele mais pode ter certeza que tenho maior respeito sei que voçe dedicou quase metade da sua vida para alcançar o seu objetivo e concretizar seu sonho não é a toa que voçe está ajudando varias pessoas con o seu trabalho ótimo fiz essa carta para poder espreçar algumas situações que não falei em nossas conversas mais aí sou uito grato por tudo que voçe fez por min mano voçe é uma mulher impar totalmente ao contrairo doque quando ti vi a primeira vez. Por isso que nunca podemos julgar ou até mes descriminar alguem antes de realmente conhecer a pessoa eu fiz isso com voçe te julguei pensei que voçe queria me aatrazar.. Bom vou ficando por aqui te deixando um forte abraço con todo o respeito e tudo de melhor en sua vida. Diretamente do vale da saldade aonde a dor é constante e o sofrimento parece não ter fim aonde os únicos momentos de felicidade são os meus sonhos que posso ser feliz por uma noite...

Escrevendo este relato, percebi que a última frase de meu paciente se parece muito com a frase da epígrafe do livro. Certamente ele passou pela cela 67, na qual eu encontrei esses escritos. Certamente muitos outros passaram por ela, também, e se apropriaram da frase. De fato, ela diz muito em poucas palavras.

7. “Depressão aqui não pode existir. A gente pisa, passa por cima e come...”

Como instrumento terapêutico, eu realizava as chamadas “provinhas” para meus pacientes. Eles adoravam e escolheram esse nome para as atividades propostas. Diziam que elas ajudavam a passar o tempo, após a tranca. No hospital penitenciário, os pacientes ficavam em leitos individuais ou nas enfermarias, trancados das cinco da tarde até as dez da manhã. Entre as dez da manhã e as cinco da tarde eles ficavam soltos dentro da ala, tomando banho de sol. Eram obrigados a almoçar dentro dos leitos, recebiam um café da tarde e a janta era às cinco, após o fechamento da tranca. Então, iriam comer só na manhã do dia seguinte, quando recebessem o café da manhã, às oito horas. Particularmente, no hospital eles se alimentavam muito bem, diferentemente das unidades prisionais. Muitos relatavam uma alimentação precária, com alimentos estragados. A maioria não comia carne de porco, tinha medo de contrair cisticercose. Alguns comiam de tudo, principalmente quando moravam na rua. Lembro-me de um paciente, em específico, que pegava os restos de comida do lixo. Provavelmente isso já era um hábito, quando estava em liberdade e morando na rua, mas não diminuiu minha tristeza ao vê-lo pegando restos de comida de um hospital. Um comportamento tão naturalizado entre pessoas que vivem em situação de rua, mas tão inaceitável e desumano para mim, que tive privilégios e sei reconhecê-los e agradecer por eles, com humildade e revolta.

Sempre me questionei se é possível ter saúde mental quando não se tem o mínimo para sobreviver, como alimento, moradia, saneamento básico, educação e uma família ou rede de apoio. E eu respondo que não. Muitos pacientes me diziam que quando se nasce na pobreza e em meio à violência, tudo aquilo se torna natural. E situações absurdas vão se tornando naturais, quando não podemos fazer nada para combatê-las. Aceitamos ou definhamos, nos adaptamos ou morremos. Talvez um dia as pessoas percebam como o contexto social influencia no desenvolvimento da personalidade de uma criança, como as oportunidades e os traumas impulsionam ou afundam, na mesma proporção. Como o Estado falha e, falhando com um, falha com todos. Porque se alguém precisa matar para sobreviver, alguém precisa morrer. Pode ser eu ou você. Para mim, cada um que eu conseguisse recuperar, poderia ser um a menos que precisaria morrer, quem sabe, eu ou você.

Assim, quando ouvi de um paciente que "*depressão aqui não pode existir, a gente pisa, passa por cima e come*", me senti na obrigação de falar sobre isso com ele e com os outros. Depressão existe sim, já que é uma condição e não uma escolha. A diferença é que os pobres e privados de liberdade não têm autorização para senti-la.

Talvez ele quisesse me dizer que, no sistema prisional brasileiro, quando se está deprimido, os outros passam por cima e pisam em você (não que isso já não aconteça naturalmente). Talvez ele quisesse me dizer que, ao comer a depressão, ele conseguia sobreviver. Também, quando está deprimida, a pessoa se torna mais vulnerável. Então, eles fingem que depressão não existe, e cada um se vira como pode. Alguns não suportam e tiram a própria vida; alguns ganham a liberdade, cometem os mesmos erros e são privados de liberdade novamente; outros enlouquecem, talvez.

Comigo seria diferente. Eu daria, no mínimo, a oportunidade para que meus pacientes pudessem sentir e falar sobre este sentimento, que validei sempre que possível.

No relato a seguir, é possível perceber como a falta de assistência à saúde mental acomete gerações e o sofrimento vai se multiplicando, tanto dentro como fora de uma prisão. É mais custoso para o Estado investir em prevenção ou em prisões? Se as prisões são efetivas para combater a criminalidade, por quais motivos a população carcerária vem aumentando cada vez mais? E as consequências, quais são?[1]

Questões que deixo para o leitor refletir.

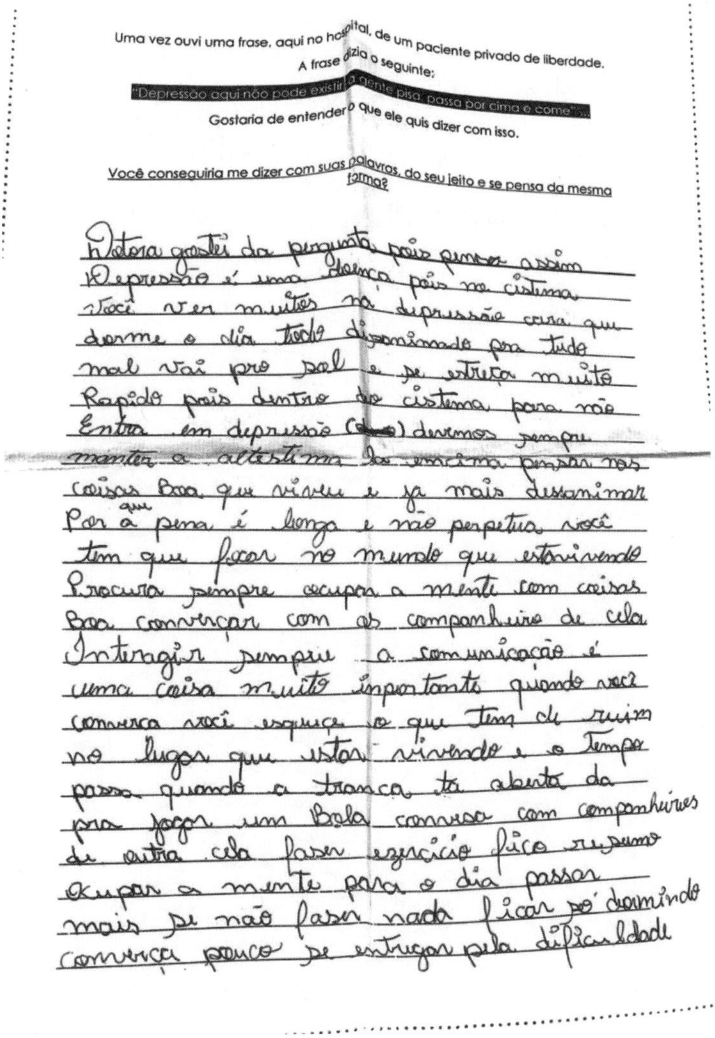
Uma vez ouvi uma frase, aqui no hospital, de um paciente privado de liberdade.
A frase dizia o seguinte:
"Depressão aqui não pode existir, a gente pisa, passa por cima e come"...
Gostaria de entender o que ele quis dizer com isso.

Você conseguiria me dizer com suas palavras, do seu jeito e se pensa da mesma forma?

Dotora gostei da pergunta pois penso assim
Depressão é uma doença pois no cistema
você ver muitos na depressão coisa que
dorme o dia todo disaminado pra tudo
mal vai pro sol e se estreça muito
Rapido pois dentro do cistema para não
Entra em depressão (…) devemos sempre
manter a altestima lá emcima pensar nas
coisas Boa que viveu e ja mais dessanimar
Por que a pena é longa e não perpetua você
tem que focar no mundo que estavivendo
Procura sempre ocupar a mente com coisas
Boa converçar com os companheiro de cela
Interagir sempre a comunicação é
uma coisa muito importante quando você
conversa você esquece o que tem de ruim
no lugar que estar vivendo e o Tempo
passa quando a tranca ta aberta da
pra jogar um Bola conversa com companheiros
de outra cela faser exercicio fisico resumo
ocupar a mente para o dia passar
mais se não faser nada ficar só dormindo
converça pouco se entregar pela dificuldade

1 De acordo com informações do Ministério da Justiça e Segurança Pública (2020), considerando pessoas privadas de liberdade em estabelecimentos penais e em outras carceragens, o Infopen (2019) apontou que o Brasil possui uma população prisional de 773.151 em todos os regimes. Do ano de 2017 para 2018, o crescimento chegou a 2,97%. Do último semestre de 2018 para o primeiro de 2019 o crescimento foi de 3,89%.

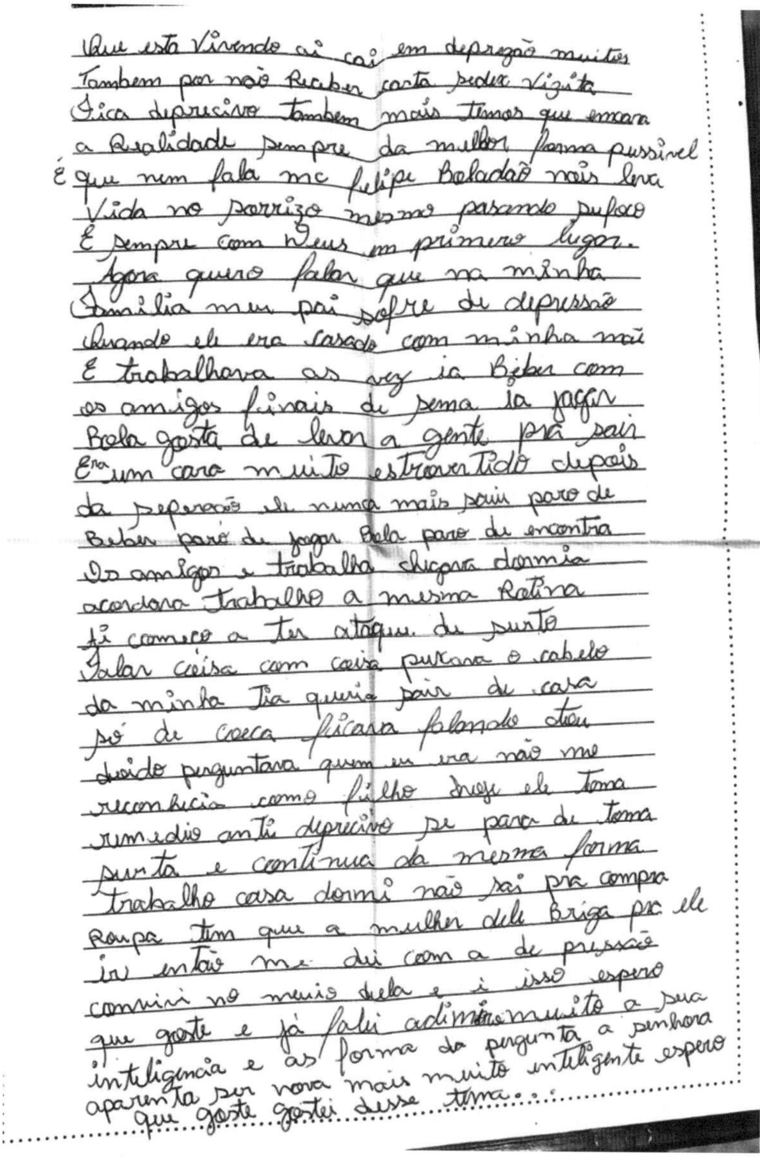

Que esta Vivendo aí caí em deprezão muitos
Tambem por não Receber carta sedex Vizita
Fica depressivo tambem mais Temos que encara
a Realidade sempre da melhor forma pussivel
É que nem fala mc felipe Baladaõ mais leva
Vida no sorrizo mesmo pasando sufoco
E sempre com Deus em primeiro lugar.
Agora quero falar que na minha
Familia meu pai sofre de depressão
Quando ele era casado com minha mãe
E trabalhava as vez ia Beber com
os amigos finais de sema ia jogar
Bola gosta de levar a gente prá sair
Era um cara muito estrovertido depois
da separação ele nunca mais saiu paro de
Beber paro de jogar Bola paro de encontra
Os amigos e trabalha chegava dormia
acordava Trabalho a mesma Rotina
Ai começo a ter ataque de surto
Falar coisa com coisa puxava o cabelo
da minha Tia queria sair de casa
só de cueca ficava falando dixou
doido perguntava quem eu era não me
reconhecia como filho hoje ele Toma
remedio anti depressivo se para de toma
surta e continua da mesma forma
trabalho casa dormi não sai pra compra
Roupa tem que a mulher dele Briga pra ele
ir então me dei com a de pressão
convivi no meio dela e é isso espero
que goste e já fali adimiro muito a sua
inteligencia e as forma da pergunta a senhora
aparenta ser nova mais muito inteligente espero
que goste gostei desse tema...

8. A música por trás das grades

Sempre fui apaixonada por música. Toco piano desde pequena, gosto de música clássica. Obviamente, quando comecei a falar sobre música com meus pacientes, precisei me adaptar a eles e sair da minha bolha. Comecei a ouvir músicas como Racionais, Facção Central, dentre outros. Diversos MC e funk de todos os tipos. E gostei. Na verdade, eu adorei. Comecei a pesquisar letras para trabalhar com eles e descobri músicas maravilhosas, significativas, de uma realidade diferente da minha, mas que eu queria muito conhecer.

Eu, então, imprimia músicas que eles me pediam e levava para lerem e me falarem como se identificavam com elas, escolhendo frases ou estrofes que explicassem suas experiências e sentimentos. Eu não podia entrar com instrumentos ou aparelhos de som. Alguns pacientes tinham seus rádios de pilha portáteis, mas só ouviam as rádios locais e muito pouco, para não acabarem com suas pilhas. Muitas vezes pedia para eles cantarem para mim.

Comecei a ter dificuldades com a segurança. Os agentes penitenciários passaram a pegar as músicas que eu deixava com meus pacientes nas revistas que faziam vez ou outra nos leitos/celas, dizendo que eu estava fazendo apologia ao crime. Fui, então, proibida de levar músicas para eles. Não que eu tenha parado. Já sabia que os agentes não entendiam o objetivo do meu trabalho. Assim, continuei levando as músicas nos meus atendimentos e não as deixava com os pacientes. Colocava-as debaixo dos meus papéis de avaliação e passava pelos agentes. Depois de usá-las, eu as jogava no lixo.

Sempre tive vontade de fazer um grupo psicoterapêutico de música dentro das alas, para que eles cantassem e dançassem. Mas não poderia levar instrumentos lá para dentro. Uma vez meus pacientes sugeriram fazer chocalhos de copinhos plásticos com arroz dentro, adaptações com tampas de marmita, mas não poderia levar isso para a frente. Precisava seguir as regras institucionais.

Lembro-me de um caso de um paciente com afasia. Havia levado um tiro na cabeça, aos 18 anos, e não conseguia mais pronunciar palavras. Cheguei ao amanhecer, abri a tranca da sua cela, fazendo aquele barulhão, e ele estava sentado olhando para a parede, comendo um pão sem recheio e tomando leite em um copinho plástico. Olhou para mim sorrindo e disse, de forma um pouco desengonçada, com gestos e resmungos e batendo a mão no peito (no coração), que sentia saudades de sua filha recém-nascida e de sua namorada. Uma criança sentindo saudades das outras. Sempre que ouvia uma música sertaneja chamada "Cheirosa", dizia que se lembrava das duas.

Eu, então, combinei um dia com outros pacientes para que fossem ao seu leito e cantassem e dançassem a música que ele adorava. Imprimi a letra e levei para eles, antes da tranca, no banho de sol. Foi um momento tão simples e tão bonito, eles começaram a dançar e cantar, fazendo o que chamam de "passinho", e o meu paciente com afasia chorou muito, cantou, sorriu, dançou como pôde. Lembro-me desse momento até hoje. Talvez para os agentes penitenciários poderia ter parecido balbúrdia, mas eles não viram. Ainda bem.

A música é uma forma maravilhosa de fazer com que os pacientes expressem seus sentimentos. Ela os ajuda a lidar com o sofrimento da privação. Muitos escreviam e guardavam para si ou escreviam nas paredes das celas. Percebi isso e pedi que escrevessem em uma folha, que eu oferecia a eles, e que cantassem para mim.

A seguir estão duas músicas das muitas que recebi. A primeira, para mim, foi a mais emocionante. Quando seu autor a cantou para mim, prometi que um dia faria com que ela chegasse às pessoas, além dos muros de concreto. Talvez ele nunca saiba que consegui, não sei se ele ainda está vivo. Mas a música dele está, e eu cumpri minha promessa.

MÚSICA 1:

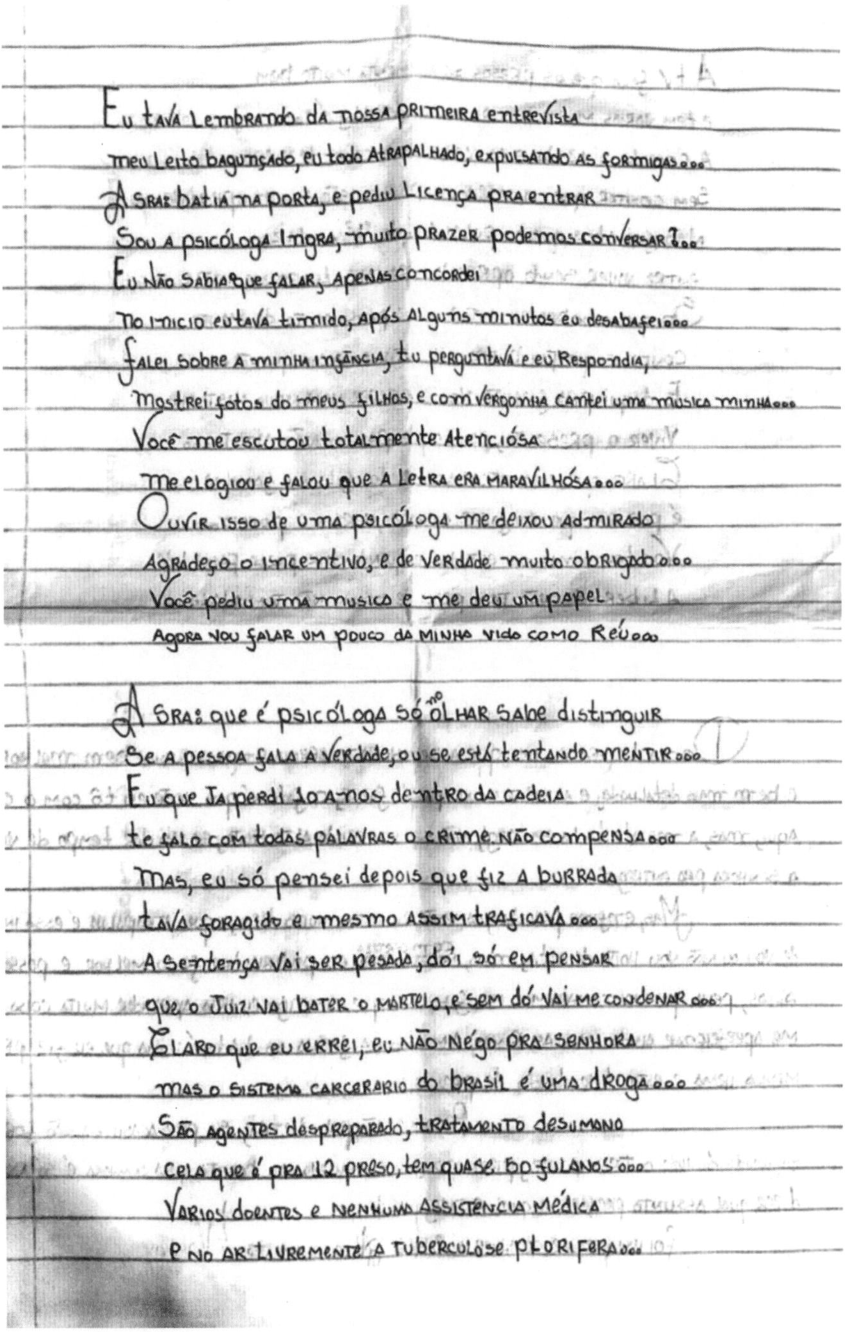

Eu tava lembrando da nossa primeira entrevista
meu leito bagunçado, eu todo atrapalhado, expulsando as formigas...
A Sra: batia na porta, e pediu licença pra entrar
Sou a psicóloga Ingra, muito prazer podemos conversar?...
Eu não sabia que falar, apenas concordei
No início eu tava tímido, após alguns minutos eu desabafei...
Falei sobre a minha infância, tu perguntava e eu respondia,
Mostrei fotos do meus filhos, e com vergonha cantei uma musica minha...
Você me escutou totalmente atencióa
Me elogiou e falou que a letra era maravilhósa...
Ouvir isso de uma psicóloga me deixou admirado
Agradeço o incentivo, e de verdade muito obrigado...
Você pediu uma musica e me deu um papel
Agora vou falar um pouco da minha vida como réu...

A Sra: que é psicóloga só no olhar sabe distinguir
Se a pessoa fala a verdade, ou se está tentando mentir...
Eu que ja perdi 10 anos dentro da cadeia
te falo com todas palavras o crime não compensa...
Mas, eu só pensei depois que fiz a burrada
tava foragido e mesmo assim traficava...
A sentença vai ser pesada, dói só em pensar
que o Juiz vai bater o martelo, e sem dó vai me condenar...
Claro que eu errei, eu não nego pra senhora
mas o sistema carcerario do brasil é uma droga...
São agentes despreparado, tratamento desumano
cela que é pra 12 preso, tem quase 50 fulanos...
Varios doentes e nenhuma assistencia médica
e no ar livremente a tuberculose plorifera...

A tv fala que os presos se alimenta muito bem
e tem varias mordomias as custas de alguém...
A comida é azeda e as vezes com caco de vidro
Sem contar que na cadeia os presos são muito oprimido...
Não foi atoa que eu polei lá do 4º andar
entre viver sendo oprimido era mais lucro me matar...
Só que eu sobrevivi e tirei esse pensamento da mente
Confesso que fui burro, infantil e inconsequente...
E daqui pra frente vou escrever uma nova historia
Viver o presente, pois oque passou não volta...
Claro que eu sinto saudades dos filhos e familia
é por eles que vou fazer canções, versos e poesia...
Vou terminar os estudos e quando sair fazer faculdade
A liberdade não tem preço e sonho não tem idade...

MÚSICA 2:

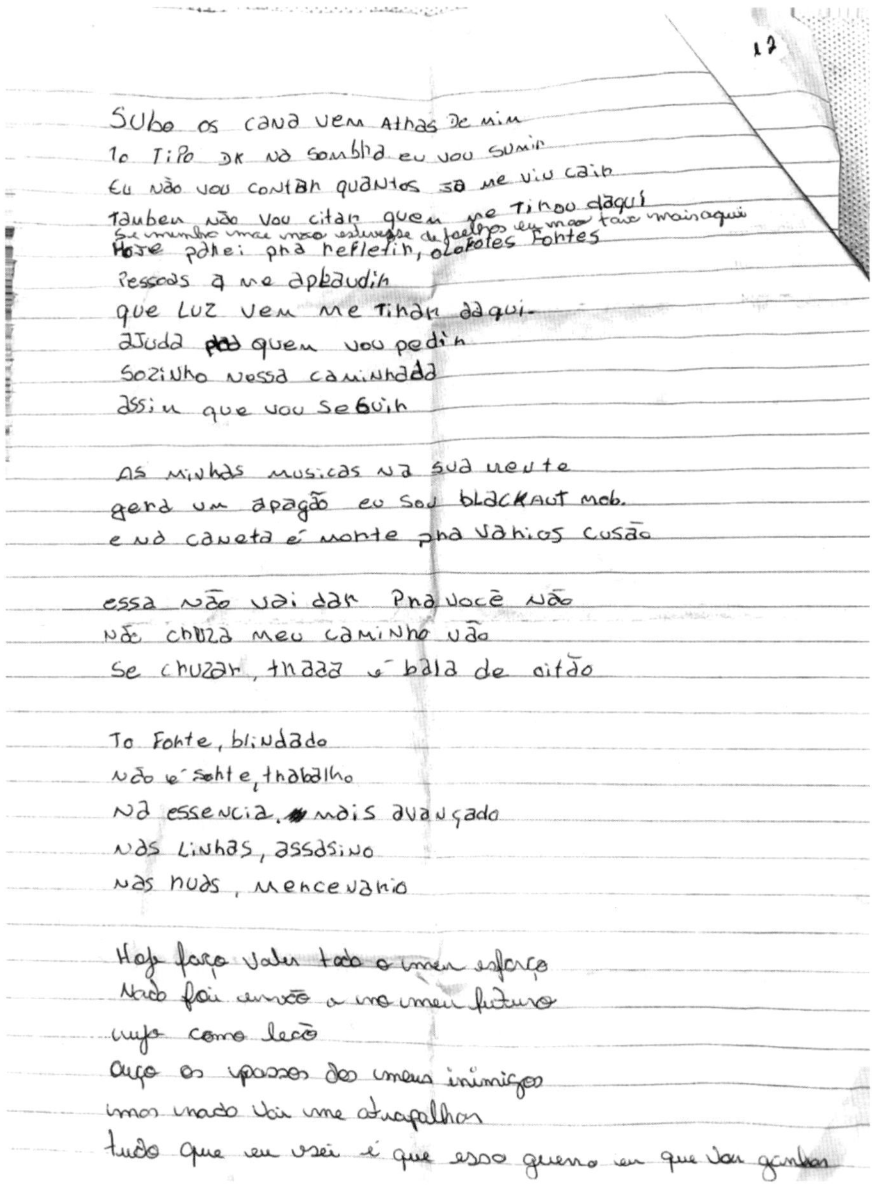

Subo os cana vem athas de mim
To tipo DK na sombra eu vou sumir
Eu não vou contar quantos ja me viu cair
Tambem não vou citar quem me tirou daqui
Se minha mae não estivesse de joelhos eu não tava mais aqui
Hoje parei pra refletir, olofotes fortes
Pessoas a me aplaudir
que luz vem me tirar daqui
ajuda quem vou pedir
Sozinho nossa caminhada
assim que vou seguir

As minhas musicas na sua mente
gera um apagão eu sou blackaut mob.
e na caneta é morte pra varios cusão

essa não vai dar pra você não
Não cruza meu caminho não
Se cruzar, traz é bala de oitão

To forte, blindado
Não é sorte, trabalho
Na essencia, mais avançado
Nas linhas, assasino
Nas ruas, mercenario

Hoje faço valer todo o meu esforço
Nada foi em vão o no meu futuro
rujo como leão
ouço os passos dos meus inimigos
mas nada vai me atrapalhar
tudo que eu sei é que esso guerra eu que vou ganhar

Já passei por muitas dores e isso
isso me fez insistir
e nas maiores lutas até seu
sorriso falso me deu força pra
Seguir
~~prosseguir~~
Eu sou "poeta" no topo e nada
vai me tirar daqui.

9. As mulheres no sistema carcerário brasileiro

As mulheres fora do sistema carcerário brasileiro sofrem com a desigualdade de gênero. Não seria diferente com as que vivem dentro dele.

Os homens, sabemos que possuem maior força física. Essa é a lei da natureza, e não acho que seja discutível. Entretanto, a força física não pode ser um motivo para desqualificar as mulheres e colocá-las em um lugar inferior, apenas como objeto de desejo, de piedade e desprezo. Mais especificamente, mulheres não devem ser rotuladas como uma atração momentânea, como irracionais, infantis e indefesas. Grande parcela da sociedade ainda tem a péssima mania de acreditar que, enquanto são bonitas e atraentes, são úteis. Depois, não servem mais.

Mulheres precisam ser compreendidas e respeitadas pelas suas virtudes e capacidades, pela inteligência e racionalidade. Também pelo dom maravilhoso de cuidar, serem mães e esposas se assim o desejarem, e não apenas por isso.

Diferentemente dos homens que são privados de liberdade, e que recebem visitas de diversos familiares, além de visitas íntimas de companheiras, as mulheres encarceradas são, em sua maioria, abandonadas pelos companheiros e familiares. Elas me diziam isso com propriedade.

Quantas histórias ouvi de mulheres que foram mulas do tráfico de drogas e que, ao serem presas, foram simplesmente esquecidas pelos companheiros.

Aparentemente, uma encarcerada não tem mais utilidade para alguns, sendo facilmente substituída. Pude observar que um homem que é privado de liberdade e pertence a alguma facção criminosa acaba sendo temido e desejado pelas mulheres das comunidades à qual pertencem. As encarceradas já não têm a mesma sorte, a não ser que também façam parte de alguma facção. As cunhadas, como são chamadas as mulheres que fazem parte do PCC e são casadas com seus integrantes, geralmente são mais respeitadas nas prisões e mais temidas também.

Fiquei impressionada com a facilidade que os homens têm para marcar encontros dentro do sistema prisional. Um apresenta para o outro a prima, a amiga, a tia e assim por diante. Claro que não conseguem mudar de companheira o tempo todo, já que precisam cadastrá-las no rol de visitas, mas é impressionante o empenho que eles demonstram em apresentar mulheres para os companheiros. Claramente, isso também representa o machismo estrutural de qual fazemos parte. Isso também é um elemento do imaginário coletivo masculino de que mulheres são objetos de desejo e que podem ser ofertadas para o colega da cela ao lado. Não as que são "propriedade" deles, é claro.

Também é incrível como algumas mulheres se interessam pelos homens privados de liberdade, de facções criminosas, que passam a ideia de proteção, de provimento, de poder. Fatores que também mostram uma educação equivocada, segundo a qual as mulheres sempre precisam de um homem que seja protetor ou provedor, independentemente dos meios que o levam a isso.

No hospital penitenciário, atendi mulheres cisgênero (que nasceram com o órgão sexual feminino e se identificam com ele) e transgênero (que nasceram com o órgão sexual masculino, mas se identificam com o gênero feminino). Também atendi muitos homens transgêneros, ou seja, que nasceram com o órgão sexual feminino e se identificam com o gênero masculino. No sistema carcerário brasileiro ainda há muita confusão na divisão e direcionamento para as unidades prisionais dos indivíduos considerados transgêneros, transexuais ou travestis. Existem algumas leis que resguardam seus direitos, mas que não são efetivas. Mulheres transexuais que entram no sistema carcerário após iniciarem o processo transexualizador têm um pouco mais de facilidade do que as que tentam iniciá-lo lá dentro, para conseguir seus remédios (hormônios), maquiagem, produtos de higiene pessoal etc. Atendi uma paciente que dizia não poder ser direcionada para uma unidade prisional feminina, nem masculina, porque não havia feito a retirada do órgão genital. Dessa forma, ela ficou presa em um Centro de Detenção Provisória (CDP).

Ofereci assistência psicológica para mulheres acima de 18 anos, cada uma com sua história. O que eu mais percebia como semelhança em seus relatos eram os abusos sexuais e a violência doméstica. Geralmente, cometidos por familiares.

As pessoas sempre me perguntavam como era atender pedófilos e estupradores, como se esse fosse o maior dos meus problemas. Confesso que o que me abalava, de fato, era atender mulheres vítimas de violência física e sexual. Mulheres que viram a morte de perto, com hematomas, cicatrizes de agressões. O sentimento de impotência era gigante. Havia dias em que eu atendia um estuprador em uma ala e, em seguida, atendia uma vítima de abuso sexual em outra. Pude presenciar os dois lados da moeda e, acreditem, me sinto privilegiada por isso, como profissional. Foi uma experiência enriquecedora, apesar de difícil.

Confesso que não perdia muito tempo com os estupradores. A maioria, portadora de transtorno de personalidade, tentava incessantemente me convencer de que uma menina de 7 anos, por exemplo, tinha técnicas infalíveis de sedução e era culpada pelo estupro. Inicialmente era difícil conter meus sentimentos ao sair dos atendimentos. Eu sofria. Com o tempo, isso já não me abalava mais. Fazia meu papel de psicóloga e ia embora.

Recordo-me de várias pacientes moradoras de rua, dependentes químicas, privadas de liberdade por pequenos furtos, dizendo que, após sofrerem abusos sexuais dos pais/padrastos, ouviram de suas mães (geralmente dependentes químicas) que elas "deram" para eles porque quiseram. Crianças vítimas de traumas gravíssimos e que não receberam o mínimo de suporte emocional e acolhimento, pelo contrário, foram culpabilizadas, preferindo, assim, abandonar suas casas para viverem na rua. Eu ouvia aqueles relatos e sentia minhas vísceras se contorcendo de dor, de raiva e de desespero. Mais uma prova de como o machismo massacrou e massacra essas meninas até hoje. É muito fácil olhar para todas elas nas ruas, drogadas, muitas vezes cedendo seus corpos por míseros reais para conseguirem sustentar seu vício e sendo violentadas todos os dias, julgá-las e pregar aquela história famosa e fantasiosa de meritocracia. Quem ouviu relatos de uma menina abusada desde seus 2 anos de idade sabe que essa ideia é ridícula. É praticamente impossível sobreviver a um trauma como esse sozinha e sair ilesa.

Presenciei relatos de algumas exceções que tiveram seus estupradores assassinados pelo PCC, que não tolera e não perdoa estupros. Entretanto, saber que seus abusadores foram assassinados pode até ter proporcionado algum tipo de conforto, mas nunca foi garantia de paz e felicidade. Posso assegurar.

10. Um sonho concretizado

Seu Durvalino (nome fictício) era um morador de rua. Fiquei responsável por ele assim que deu entrada no hospital. Perto dos seus 60 anos de idade, ele me contou como foi parar dentro de um presídio.

Seu Durvalino não tinha vulgo. Ele não era traficante, não era ladrão. Ele morava nas ruas de São Paulo, tinha um cachorrinho de estimação chamado Alfredo. Um belo dia, nem tão belo assim, acordou com a polícia matando seu cachorrinho e gritando voz de prisão. Sem entender muito bem, perguntou por que estava sendo preso. Descobriu que um outro morador de rua havia roubado sua faca enquanto dormia e cometido um assalto. Como a faca era dele, segundo o assaltante, ele foi indiciado como cúmplice.

Chegou ao hospital com um discurso um pouco delirante, dizendo que conversava com Alfredo durante a noite. Percebi, também, que não conseguia me enxergar muito bem. Seus olhos tinham sinais de catarata (como muitos dentro do sistema prisional, que demoram para conseguir uma cirurgia), mas, além disso, tinha um olhar distante demais.

Finalmente, os médicos descobriram que ele possuía um tumor no lobo occipital, a parte do cérebro responsável pelo processamento de estímulos visuais. Dia após dia, ele ia enxergando menos, sem entender nada do que estava acontecendo.

Sentei-me ao seu lado, em uma manhã de sol, e conversamos um pouco sobre a vida. Expliquei o que acontecia com ele. Perguntei sobre sua história e descobri que ele já havia morado em minha cidade natal, no interior de São Paulo, e em suas redondezas. Tinha família, mas distanciou-se dela, por questões pessoais. Tentei, junto com a assistente social, localizar sua família, mas ele não tinha nenhum número ou endereço de localização. Passou por vários abrigos, mas, quando ligamos, eles não tinham informação nenhuma além do nome de sua mãe, Maria.

De repente, em determinado momento, me disse que tinha dois sonhos. O primeiro era comprar uma máquina de cortar grama, e o segundo, aprender a escrever seu nome, já que era analfabeto. Fiquei emocionada com sonhos tão pequenos aos meus olhos e tão grandes aos deles, que aos poucos perdiam a função. Principalmente, porque ele tinha uma dicção e um vocabulário enriquecidos. Então, eu disse que o ajudaria a realizar o segundo sonho. Ensinaria a escrever o seu nome e informações básicas sobre ele. Certamente, essa dificuldade com letras e números também impossibilitou que encontrássemos sua família. Poderiam tirar tudo do seu Durvalino, o cachorrinho, a liberdade, mas o aprendizado seria algo que eu iria oferecer a ele e ninguém poderia tirar, pelo menos até os seus últimos dias. Pensei se eu seria capaz de ensiná-lo, já que não sou pedagoga, mas, independentemente disso, seria terapêutico. E isso bastou.

Todos os dias de manhã eu reservava um tempo e ia até seu leito dentro da cela, na cama de enfermaria (ele foi piorando rapidamente). Incrivelmente, ele tinha uma vontade de aprender que me assustava. Eu ensinava algumas letras e deixava papéis e uma caneta para ele treinar (tentando driblar a segurança). Em duas semanas ele já conseguia escrever seu nome, mesmo dizendo que enxergava vultos e letras duplicadas. Descobri que alguns enfermeiros também o ajudavam no período da noite, dando papéis e tirando dúvidas.

Após um mês de encontros psicoterapêuticos, seu Durvalino mostrou que já havia escrito seu nome inteiro e sua idade, várias vezes. Ele sorria e me mostrava todos os rascunhos. A felicidade dele me contagiou. Eu pensava em como algo tão pequeno para mim poderia ser tão grande para ele. Ele sorria para mim, mesmo sem me enxergar inteiramente.

De repente, ele pegou em minhas mãos (eu estava paramentada com luvas, máscara, jaleco e avental por conta da pandemia) e disse:

— Sabe, senhora Ingra. Eu queria dizer que eu converso com Deus, apesar de muitos não acreditarem nisso. Sinto que falta algo de muito especial na sua vida, que a senhora procura faz tempo. Mas fique tranquila, um dia isso vai chegar. A senhora merece. Eu sinto que é uma mãe para mim, mesmo eu sendo preto e velho e a senhora branca e jovem, sinto que sou seu filho. Agradeço por tudo o que fez por mim, até agora, me ajudando a realizar um dos maiores sonhos da minha vida.

Eu nunca havia chorado na frente de um paciente. Mas aquele momento me emocionou. Não sei explicar o porquê. Para minha sorte, eu estava de máscara (N95) e minhas lágrimas caíam e se escondiam dentro dela. Eu queria dar um abraço em seu Durvalino, mas não podia. Eu peguei em suas mãos e apertei com toda a força de um abraço. E agradeci, por ele ter aparecido em meu caminho e me ensinado o quanto devemos dar valor para coisas "simples" da vida. Simples para mim, grandiosas para muitos. Tudo depende de como olhamos para elas.

Seu Durvalino aprendeu comigo, certamente, mas me ensinou muito mais – sobre a vida e sobre encontrar capacidades em mim que eu mesma não imaginava ter.

11. Sedução, manipulação e sobrevivência: quando enlouquecer é necessário

Qualquer profissional da saúde que trabalhe em instituições totais, como hospitais psiquiátricos ou penitenciários, depara-se diariamente com pacientes manipuladores e sedutores. Principalmente, porque a maioria é dependente química e já tem esse comportamento como padrão. Além disso, é um meio de sobrevivência.

Muitos de meus pacientes simulavam sintomas psicóticos, visando a ganhos secundários, como permanecer no hospital e não voltar para suas unidades prisionais de origem. Inicialmente, eu me sentia enganada, agredida e impotente. Mais tarde entendi que esse comportamento era recorrente, independente da minha presença, significava sobrevivência e era um dos recursos encontrados por eles para manter a saúde física e mental. Eu talvez fizesse o mesmo, nas mesmas condições. Simular sintomas para permanecer em um local mais saudável é um indicativo de sanidade. Insano seria alguém que gostasse de viver em condições precárias de cárcere. Comecei, então, a entender esse comportamento como parte do processo de tratamento. E necessário. Mesmo assim, precisava me policiar sobre como manejar esses pacientes, já que eles se apropriavam de qualquer dica que eu desse sobre possibilidades ou não de sintomas e a utilizavam em seu favor.

Entretanto, a manipulação de sintomas e a tentativa de sedução não podem ser normalizadas. É preciso saber diferenciar e reconhecer as tentativas de luta pela sobrevivência e sanidade, em contraponto à perversidade.

Infelizmente, ela existe. Em muitos casos de transtorno de personalidade e pacientes chamados frontalizados (com lesão no lobo frontal), é difícil algum êxito no tratamento.

No sistema prisional brasileiro, existem muitos indivíduos com transtornos de personalidade, e não falo só dos meus pacientes.

Quando iniciei os atendimentos com pacientes da ala A, acusados de crimes sexuais ou opositores ao PCC, eu era bastante ingênua. Lembro-me muito bem de alguns casos, em particular, em que me deparei com tentativas de manipulação e sedução de pacientes.

No primeiro caso, comecei a atender um deles que fingia ser um ninja. Ele pegava o uniforme do hospital e colocava no corpo como fantasia. O moletom marrom ficava amarrado na cabeça e as luvas hospitalares enroladas nas mãos. Quando começamos o primeiro atendimento, o paciente, que vou chamar de Ninja, começou euforicamente a lutar contra o ar, me olhando de lado. Um agente penitenciário passou por perto e me questionou se eu gostaria que ele o proibisse de fazer aquilo. Agradeci e pedi que o deixasse.

Ninja me contava, de forma extremamente organizada, que via o espírito de um *cowboy* durante a noite e que eles conversavam. Contou que, um dia antes, havia comido um pedaço de sabonete. E foi me contando algumas situações e comportamentos que possivelmente poderiam indicar um transtorno mental, um quadro psicótico. De qualquer forma, ele me contava sobre seus sintomas de uma forma tão organizada que eu me questionava se aquilo era real. Ao mesmo tempo, me culpava por desconfiar de um paciente. Já havia atendido muitas pessoas que queriam me convencer de que não eram "loucas", mas dificilmente alguém teria tentado me convencer do contrário. Dentre as particularidades de um hospital penitenciário, essa é uma das mais bizarras.

Valorizei minhas sensações e sentimentos. Pensava que, se eu senti um estranhamento naquele comportamento, certamente havia algo de estranho. Nós, psicoterapeutas, precisamos também levar em consideração nossos sentimentos sobre o paciente e a relação que construímos. Isso é fundamental.

Disse adeus para o paciente e que voltaria para conversarmos mais posteriormente. Ele havia me contado, rapidamente, que fazia parte do PCC.

Entretanto, por conta de uma briga com seu irmão (que também era da facção), havia sido expulso. Contou sobre uma possível ameaça de morte também.

No momento em que eu me distanciava de seu leito/cela, o percebi saindo em direção à uma técnica de enfermagem com um pedaço de sabonete nas mãos. Fiquei observando, discretamente. Ele mostrou o sabonete para a profissional e disse que havia mastigado a parte que faltava. Tudo de uma forma calma e organizada. Ela dizia, assustada, para que ele não fizesse mais aquilo, que não era normal.

Aguardei seu retorno para o leito e voltei para conversarmos mais um pouco. Questionei o porquê de ele ter ido até a profissional mostrar um sabonete que havia mastigado. Ninja me disse que foi mostrar como ele não está bem, pois sabe que não é normal comer um sabonete.

Fiquei pensativa. Depois, disse para ele que isso me incomodava. Não conseguia compreender como era possível um paciente supostamente psicótico/desorganizado ter consciência e crítica para entender que comer um sabonete era errado e ainda contar sobre o ocorrido para uma profissional. Ele ficou em silêncio por alguns segundos. Tentou me dizer que ouvia vozes e, quando eu o questionava sobre elas, ele não conseguia descrevê-las. Me implorou para ser enviado para a ala de pacientes psiquiátricos, pois sabia que eles permaneciam por mais tempo no hospital. Tentou fingir que estava vendo o *cowboy* na minha frente, mesmo tendo dito que só conversavam a noite. Enfim, entendi finalmente que ele estava manipulando toda aquela situação para benefício próprio. Talvez pelo medo do retornar à unidade e da ameaça de morte, talvez por outra questão de ganho secundário.

No final, percebendo que eu já havia notado as suas intenções, ele baixou a cabeça, sorrindo, e disse:

— A senhora é foda, né? Não dá pra mentir pra senhora.

Eu, então, disse que entendia o porquê daquela simulação, que ele tinha seus motivos. Entretanto, não poderia deixá-lo morando no hospital, já que isso não era possível para nenhum dos pacientes privados de liberdade internados, e que não era uma escolha minha.

Ele entendeu. Fui embora aliviada e contente por acreditar na minha percepção inicial e não me deixar levar pela culpa.

Houve um segundo caso em que o paciente simplesmente parou de falar. Estava próximo da alta hospitalar. Alegou ter caído e batido a cabeça no vaso sanitário e se comunicava comigo por meio da escrita. Escrevia de forma organizada e coerente sobre a perda da fala, afirmando que começou após o suposto trauma na cabeça. Eu pedi para que os médicos avaliassem, claro. Mas aquilo parecia tão estranho para mim. Conversei com a fonoaudióloga e ela foi avaliá-lo. Constatou que não havia problema algum na fala. Eu imaginei que pudesse ser uma manipulação de sintoma, mas não podia afirmar sem exames específicos. Finalmente, os médicos avaliaram seus exames e não encontraram nada.

Pude então ir até ele e dizer que não conseguia acreditar naquilo, já que os exames provavam o contrário. Ele ficou pensativo por alguns segundos e finalmente me escreveu que tinha feito uma promessa. Que não poderia se pronunciar verbalmente, mas que contaria a verdade para mim. Pediu que guardasse segredo.

Eu o orientei sobre o seu comportamento e disse que guardaria seu segredo.

Quando saí de seu leito/cela, vi vários pacientes indo ajudá-lo, levando comida, objetos de higiene e o carregando no colo – obviamente, sensibilizados com a suposta queda e perda da fala.

Recordo-me bem que um deles chegou para mim dizendo:

— Coitado, né, senhora? Perdeu a fala.

Apesar da minha vontade de acabar com aquela farsa, fiquei calada. Eu sabia que qualquer coisa que acontecesse com aquele paciente, se os outros descobrissem por mim sua manipulação, seria de minha total responsabilidade. E, certamente, ele seria retalhado.

Em uma prisão, os relacionamentos são peculiares. As paredes têm ouvidos e qualquer coisa que eu diga, por mínima que seja, pode causar uma grande confusão. Muitas vezes saía do trabalho e chegava em casa um pouco persecutória. O contexto prisional nos induz a isso. Ninguém confia em ninguém, cada um luta de sua forma para sobreviver.

Claro que o paciente foi embora rapidamente por decisão da equipe. Não sei dizer quando ele resolveu voltar a falar. Espero que não tenha demorado.

No terceiro caso, comecei a atender um paciente com deficiência intelectual, infantilizado e psicótico. Ele chegou de um hospital de custódia (que, segundo minha experiência, ainda não segue corretamente diretrizes da Reforma Psiquiátrica)[1] e foi colocado dentro da ala A, para acusados de crimes sexuais. Não entendi por que isso aconteceu, mas imagino que os agentes de segurança penitenciária tenham entendido que lá era o seu lugar, sem nenhuma fundamentação teórica ou conhecimento específico de caso. Simplesmente foi.

Enquanto eu o atendia, chegou ao nosso lado um paciente que se denominava o Piloto da Ala. Piloto significava o mesmo que Disciplina para os integrantes do PCC, ou seja, o responsável pela organização. Ele tentava me seduzir a todo o momento, tentando me elogiar, perguntando sobre minha vida, e eu sempre me esquivava, sem criar conflitos. Já esperava por este tipo de comportamento. Então, em determinado momento, me pediu para acompanhar os atendimentos com o paciente novo, que chamarei de Théo. Sua justificativa era de que, acompanhando meus atendimentos, ele poderia auxiliar Théo nas suas atividades diárias. Hesitei um pouco, mas concordei. Um paciente com deficiência intelectual precisaria de suporte.

No dia seguinte, entrei na ala A e fui atender outro paciente, um ex-integrante do PCC, que chamarei de Cerol. Ele estava devendo para o Comando e foi expulso, não sendo mais aceito em alguns presídios e locais de "convívio". Ao chegar à sua cela, percebi que Cerol não estava mais lá. Descobri, então,

1 A Reforma Psiquiátrica Brasileira tem como marca a sansão da Lei Antimanicomial n. 10.216, de 6 de abril de 2001, que dispõe sobre a humanização da assistência, a gradativa desativação dos manicômios e a implementação dos Centros de Atenção Psicossocial (CAPS) que, junto com os Serviços Residenciais Terapêuticos (Portaria GM n. 106, de 11 de fevereiro de 2000), são parte integrante da Política de Saúde Mental do Ministério da Saúde, essenciais no processo de desinstitucionalização e reinserção social dos egressos dos hospitais psiquiátricos. A partir da Reforma Psiquiátrica, os pacientes psiquiátricos têm o direito de serem respeitados em sua individualidade, como o direito a ressocialização.

que estava em uma cela de isolamento, fora da ala, nos fundos do hospital, como punição por tentativa de assassinato. Fui até ele e, com um pouco de dificuldade, consegui convencer a segurança a me deixar realizar o atendimento. Descobri, então, que Cerol havia ingerido álcool em gel (70%) e tentado assassinar o Piloto. Quando questionei sobre essa tentativa, ele me explicou que fez isso para proteger Théo, que estava sendo estuprado pelo Piloto durante o banho. Cerol não fazia mais parte do PCC, mesmo assim não aceitava comportamentos desse tipo.

Naquele momento meu peito começou a doer e me senti uma idiota, percebendo que o Piloto queria acompanhar meus atendimentos com Théo no intuito de coerção, para impedi-lo de me contar sobre o estupro e não para protegê-lo. Eu disse para Cerol que sentia muito por aquilo e me retirei. Minha vontade era ir até o Piloto e xingá-lo de todas as formas que eu fosse capaz. Mas isso não seria ético.

Fui embora para casa. Passei uma noite horrível, sentindo culpa e pensando em como ajudaria Théo a sair de lá.

No dia seguinte, quando entrei novamente na ala A para atender Théo, o Piloto aproximou-se de mim, chegando perto dos meus ouvidos, e disse gargalhando:

— Fiz um trabalho excelente com seu paciente, dona Ingra. Ajudei a tomar banho, ensinei até a falar inglês!

Não consigo descrever a raiva que eu senti naquele momento. Eu olhei para dentro dos seus olhos durante alguns segundos e saí andando. Ele percebeu que eu já sabia do ocorrido. Mas eu não podia cair mais uma vez na sua manipulação. Engoli a raiva e continuei andando. Atendi meus pacientes e, no final, em direção à saída, passei em frente ao seu leito. Vi escritos na parede com sangue, provavelmente seu, de rituais religiosos. Naquele momento percebi que, de fato, lidava com um psicopata digno de seriados criminais. Inclusive, me sentia em um. Quando fui pesquisar sobre seu histórico, descobri que ele havia estuprado vários indivíduos dentro do sistema prisional.

Mas o Piloto não foi o psicopata mais marcante dos muitos que atendi. Falarei adiante sobre Pezão, um psicopata privado de liberdade durante vinte anos e que, por incrível que pareça, me traz memórias positivas. Criamos um vínculo que o beneficiava e ele me ensinou muito do que sei hoje sobre os presídios brasileiros.

Enfim, Théo acabou voltando para o hospital de custódia na mesma semana. No início, pensei que ele finalmente estaria protegido. Depois pensei melhor e compreendi que aquela não seria nem a primeira, nem a última vez que ele seria estuprado. Infelizmente, pacientes psiquiátricos não recebem o suporte de que precisam. Não pude fazer nada para protegê-lo, mas, após esse caso, nunca mais me permiti ser manipulada desta forma por nenhum outro paciente. Pelo menos é nisso que prefiro acreditar.

Considerações finais

[illegible] deste texto foi poder [illegible] contribuições [illegible] do psicólogo dentro [illegible] [illegible] possibilidades [illegible] por diferentes perspectiv[illegible]

[illegible] condições [illegible] estrut[illegible]

12. O desafio da ressocialização de pacientes com transtorno de personalidade antissocial e psicopatia

O sistema prisional brasileiro tem como objetivo a ressocialização de indivíduos infratores, sua educação, a devida punição ao delito cometido e sua reinserção na sociedade. Os infratores são privados de liberdade para que não apresentem perigo à sociedade e repensem seus atos.

Desde que iniciei meu trabalho no hospital penitenciário, comecei a me interessar e a me questionar sobre indivíduos com diagnóstico de transtorno de personalidade antissocial e psicopatia, como também analisar a sua conduta perante as exigências da instituição.

Para Winnicott (1983), o conceito de psicopatia nada mais é que uma condição do adulto delinquente não curado. Já o delinquente é um indivíduo antissocial não tratado, e um indivíduo antissocial, por sua vez, é uma criança privada de algo na infância, uma criança que teve algo suficientemente bom e depois isso foi retirado dela. Dessa forma, houve possibilidade de suficiente crescimento e organização na ocasião da privação, como capacidade de percebê-la como traumática. Em outras palavras, tanto no conceito de psicopatia como no de delinquência e na criança antissocial o ambiente deve algo. Em cada caso de organização antissocial houve um ponto em que aconteceu uma mudança, com o indivíduo capaz de perceber o fato. Essa apreciação não é naturalmente consciente, mas o ponto de privação pode ser lembrado, caso não seja perdido junto com inúmeras outras privações.

A tese principal do autor é de que o ajustamento defeituoso e todos os derivados desse tipo de distúrbio consistem essencialmente em um ajustamento defeituoso original do ambiente à criança, que não ocorreu ainda de forma tão precoce e com capacidade de produzir a psicose. A ênfase está na falha ambiental e, por isso, a patologia está primeiramente no ambiente e secundariamente na reação da criança. A classificação de delinquentes e psicopatas deve ser feita, segundo o autor, em termos de classificações de falhas ambientais. Assim, existe uma grande confusão em se tentar colocar psicopatia e tendência antissocial na mesma altura de neurose e psicose.

Durante minhas vivências no sistema carcerário, percebi que existe ainda certa dificuldade, em termos de lei e de compreensão social, de atribuir a pedófilos e assassinos punições adequadas. Existe ainda muita polêmica e dúvida sobre esse assunto, se esses indivíduos são imputáveis ou inimputáveis, ou seja, se são capazes de entender a gravidade do ato cometido e serem responsabilizados por ele ou não. Sabe-se que, em casos de psicose, o indivíduo não pode ser responsabilizado pelo ato, entretanto, um indivíduo antissocial ou psicopata tem compreensão de que está errado segundo as regras estabelecidas socialmente, apenas não sente culpa. Já a pedofilia se enquadra em um transtorno parafílico. Existem também comorbidades em certos casos. A dúvida, então, é se esses indivíduos podem ser encarcerados junto com outros em uma prisão normal ou se devem ir para um hospital de custódia.

Eu atendi muitos pedófilos no hospital penitenciário, o que me leva a entender que a maioria fica privada de liberdade em prisões normais. Porém eles ficavam separados dos pacientes do PCC, já que não é aceita essa prática dentro da facção.

Marmorato e Andrade (2020) citam um estudo publicado em 1966, *Deviant children grown up*, no qual foram avaliados cem jovens por cerca de 25 anos. Quarenta e cinco por cento daqueles com problemas de conduta desenvolveram personalidade antissocial. Desde então, a progressão de transtornos de conduta tem recebido maior atenção. Em 1980, a expressão "transtorno de conduta" foi classificada pelo DSM-III e, apesar de algumas fragilidades conceituais, permitiu um avanço significativo no conhecimento dos fenômenos envolvidos.

Marmorato e Andrade (2020) explicam que o transtorno de conduta se caracteriza por comportamentos agressivos e antissociais por parte de adolescentes e crianças. Esse transtorno abrange o diagnóstico de transtorno opositivo-desafiador. Ambos envolvem comportamentos que são naturais em determinadas faixas etárias, como reações agressivas perante algumas frustrações ou algum comportamento isolado que não indique uma patologia de fato (como um ato de crueldade). A ocorrência habitual e persistente desses comportamentos agressivos sugere um processo patológico, ou seja, é quando um indivíduo estabelece uma forma rígida de perceber o mundo e de nele se inserir por meio de atitudes antissociais que se levanta a possibilidade de um transtorno de conduta ou um transtorno de personalidade, caso esse padrão permaneça na idade adulta.

Os autores também pontuam que desde 1980 pequenas modificações foram realizadas. O critério para diagnóstico de transtorno de conduta se estabelece a partir da manifestação de três comportamentos dentre quinze possibilidades distintas, desde mentiras e provocações até fuga de casa e assalto à mão armada. Na tentativa de encontrar padrões clínicos que tenham maior consistência, foram estabelecidos subgrupos que oferecem maior homogeneidade patológica. Em um subgrupo estão os indivíduos socializados ou não socializados e em outro indivíduos que apresentaram características iniciais na infância ou na adolescência. Assim, há uma maior capacidade de indicação prognóstica. Há propostas de outros subgrupos que ainda carecem de validação científica.

De acordo com o Manual Estatístico e Diagnóstico de Transtornos Mentais, 5ª edição (DSM-5), o transtorno da conduta caracteriza-se por um padrão de comportamento repetitivo e persistente no qual são violados direitos básicos de outras pessoas ou normas e regras sociais relevantes e apropriadas. Dentre eles estão agressões a pessoas e animais, destruição de propriedade, falsidade ou furto, violações graves a regras, todos com subgrupos estabelecidos (American Psychiatric Association, 2014).

Já o transtorno opositivo-desafiador caracteriza-se por um padrão de humor raivoso ou irritável, de comportamento questionador ou desafiante, índole vingativa com duração de pelo menos seis meses, observado na interação com pelo menos um indivíduo que não seja um irmão. Também há maior risco de abandono escolar, envolvimento em práticas de *bullying* (como perpetrador ou vítima) e violência.

Agora me veio à memória um paciente que atendi no hospital penitenciário. Ele me contava como era difícil ir para a escola, pois todos os dias os seus colegas faziam chacotas sobre sua mãe, que era deficiente física. Ele partia para a agressão sempre que ouvia alguma fala preconceituosa. Por diversas vezes levou advertências, já que os responsáveis pela instituição entendiam seu comportamento como agressivo, mas nunca o questionaram sobre o porquê. Por causa dessa experiência traumática, ele acabou abandonando os estudos. Também decidiu começar a roubar, já que sua mãe não conseguia trabalhar e tinha uma renda mensal pequena, seu pai tinha abandonado a família e ele tinha uma irmã pequena dentro de casa. Ele contava que roubando conseguia colocar comida dentro de casa. Percebe-se aí uma sucessão de acontecimentos que poderiam ter sido evitados caso esse indivíduo tivesse recebido, na infância, o devido acolhimento. Acrescento, ainda, o transtorno por uso de substâncias, que é quase geral na população carcerária brasileira, e esse paciente não era exceção.

Ainda segundo o DSM-5, há a necessidade da apresentação clínica de transtorno da conduta antes dos 15 anos de idade para o diagnóstico de transtorno da personalidade antissocial (TPAS). Assim, o TPAS é um transtorno do desenvolvimento, caracterizado por um padrão difuso de desconsideração e violação dos direitos das outras pessoas, que ocorre desde os 15 anos de idade. Indivíduos portadores de TPAS têm dificuldades em se ajustar às normas sociais relativas a comportamentos legais, conforme indicado pela repetição dos atos que constituem motivos de detenção; possuem uma tendência à falsidade, trapaça com intuito de prazer ou ganho pessoal; fracasso ou impulsividade para fazer planos para o futuro; irritabilidade e agressividade; descaso pela segurança dos outros e de si mesmos; irresponsabilidade; ausência de remorso em relação a ferir, roubar ou maltratar outras pessoas.

É consenso na psiquiatria que transtornos de personalidade são resultantes de fatores neuroquímicos, genéticos e ambientais. Muitas vezes acometidos por uma infância marcada por violência e negligência, esses indivíduos assumem comportamentos agressivos, voltados para os outros ou para si. O transtorno de personalidade borderline, por exemplo, se caracteriza por comportamentos agressivos e autodestrutivos (como automutilações) que também são muito presentes dentro do sistema carcerário brasileiro.

Em meio a esses muitos transtornos da personalidade, meu intuito aqui é ressaltar a dificuldade de acolhimento e tratamento para pacientes com transtorno da personalidade antissocial ou psicopatia. Vale ressaltar que alguns estudiosos entendem os dois termos como sinônimos. Outros entendem que são diferentes, ressaltando que a psicopatia se caracteriza como um agravo da personalidade antissocial (o que também já foi colocado por Winnicott anteriormente). Assim, na psicopatia não haveria nenhuma resposta à ansiedade. Já no transtorno de personalidade antissocial ainda existe uma resposta à ansiedade, mesmo que em menor nível em comparação com a sociedade em geral.

Um dos psicopatas mais marcantes que atendi vou chamar aqui de Pezão (nome fictício), um indivíduo privado de liberdade há aproximadamente vinte anos, acusado de latrocínio e que ficou recluso em várias unidades prisionais, incluindo unidades de segurança máxima, até chegar aos meus cuidados.

Pezão deu entrada no hospital penitenciário pelo atendimento ambulatorial e foi internado. O paciente chegou ao hospital com os dedos do pé amputados por ele mesmo com uma navalha, relatando conflito com um agente penitenciário, ocorrido em sua unidade prisional de origem. Segundo relatos, após desferir socos contra a parede (de raiva), percebeu que havia quebrado um dedo da mão. Solicitou atendimento médico para o agente penitenciário, que não deu ouvidos. Assim, como chantagem, Pezão cortou três dedos do pé esquerdo e os jogou sobre o guarda, por entre as grades, proferindo a seguinte frase: "Agora vocês vão me ajudar?".

Quando questionado pela médica sobre a dor ao amputar seus próprios dedos, o paciente referiu ausência dela. Foi constatado, então, que ele apresentava sequelas de hanseníase, como a falta de sensibilidade nas extremidades do corpo.

A equipe multiprofissional ofereceu assistência e suporte emocional ao paciente, avaliado também pela psiquiatria e diagnosticado com transtorno de personalidade antissocial.

Durante todo o processo de tratamento e internação, foi possível acompanhar sua dificuldade de adaptação às regras da instituição, como sua capacidade de coagir os demais em benefício próprio. Quando questionado sobre episódios de automutilação, o paciente explicou que possuía uma irritabilidade tão significativa que, se não a voltasse contra si próprio, a direcionaria contra outras pessoas – o que fazia quando estava em liberdade, porém recluso não era possível. O fato de o paciente ter sequelas de hanseníase acabou o ajudando em episódios de manipulação, com a intenção de conseguir algo em benefício próprio.

Pezão estava há tanto tempo em privação de liberdade que já poderia ser considerado um indivíduo institucionalizado, o que não significa que ele estivesse apto a ser reinserido ao convívio social. E foi sobre essa questão, dentre tantas outras contraditórias, que passei a refletir durante meus dias como psicóloga. O sistema prisional brasileiro está apto a receber indivíduos com esse perfil? O método atual educa ou humilha e marginaliza ainda mais os indivíduos privados de liberdade?

Segundo minha percepção, o sistema prisional brasileiro não tem preparo suficiente para recebê-los e reforça ainda mais o comportamento agressivo e manipulador.

Pezão foi um dos meus primeiros pacientes no hospital. Estranhamente, criamos um vínculo profissional interessante. Ele, extremamente narcisista, inteligente e sedutor, percebeu que eu era nova no hospital e sugeriu me "ensinar" como funcionava o sistema prisional. Eu, interessada em aprender sobre aquele mundo novo, aceitei sua proposta para conseguir entender, de fato, onde eu estava me metendo. Nada melhor do que alguém perverso para me explicar sobre a perversidade. E foi assim que nos demos superbem. O desafio dos nossos atendimentos certamente interessava tanto a ele, que desejava manipular e mostrar sua virilidade, quanto a mim, que desejava aprender.

Pezão vivia muito bem e isolado em seu leito individual, cheio de livros. Ele se considerava "companheiro", ou seja, não era "irmão". Não era integrante do PCC, mas respeitava suas regras. Assim, era permitido que ficasse no chamado convívio.

Começou contando sobre sua infância. Sobre os animais que matou na casa de sua mãe, com grande satisfação. Galinhas, gatos, ratos, passarinhos, dentre outros. Falava sobre mortes planejadas com perversidade e agressividade, que o satisfaziam desde então.

Posteriormente, começou a me contar sobre seus relacionamentos. Poucos deram certo, já que ele não tinha habilidades sociais para mantê-los. Falava, apenas, de um filho, dentre tantos, de quem sentia saudades. Segundo ele, seria o filho que propagaria seu nome na história (não sei o porquê). Geralmente, os pacientes privados de liberdade vinham com a história de que precisavam ter filhos para que continuassem com seu legado. Eu nem me aprofundava muito nisso, já que achava esse papo bem machista e sem graça.

Enfim, Pezão teve dificuldades para se adequar aos meus atendimentos no início. Dizia que não sabia como ou o que dizer. Sempre pedia que eu iniciasse a conversa. Comecei, então, a levar letras de músicas para que trabalhássemos os significados em relação à sua existência, suas experiências. Obviamente, levava músicas de seu interesse, que eram músicas sobre crime, sobre desigualdade social, sobre presos e prisões. Também levava livros de sua escolha, depois pedia para que me contasse o que tinha aprendido. Aos poucos, ele começou a ter confiança em mim e a contar sobre vivências na prisão. Em determinado dia, ele me entregou folhas com desenhos e escritos sobre como cavar um túnel para fugir da prisão, com todos os passos. Fiquei extremamente desesperada, pensando que se alguém pegasse aquilo das minhas mãos eu seria demitida. Mas talvez fosse esse medo que ele queria despertar em mim.

Comecei a trabalhar sua agressividade, entender junto com ele o significado de suas autoagressões. Progredimos muito, até um imprevisto: os agentes penitenciários ficaram incomodados com meus atendimentos. Percebiam que eu ficava bastante tempo dentro do leito do paciente, que já era considerado um problema para a instituição. Começaram, então, a pegar no meu pé.

Percebi que começaram a fazer revistas frequentes em seu leito. Tiravam tudo o que ele tinha, inclusive os papéis e a caneta que eu deixava para que escrevesse para lermos juntos nas sessões. Começaram a jogar suas músicas no lixo. E, finalmente, me impediram de atendê-lo. Por pouco tempo. Recorri à minha superior e consegui meu direito novamente, já que não fazia nada de errado.

Entretanto, durante esse período em que estava proibida de atendê-lo, ninguém lhe comunicou disso. Ele entendeu minha ausência como um abandono. Quando voltei para atendê-lo, após resolver essa questão, ele me surpreendeu. Entrei no seu leito e ele estava com a mão toda ensanguentada.

Certamente, percebeu que eu estava chegando e socou a parede. Quando olhei para ele, me mostrou sua mão e disse: "Fiz isso aqui, mas vou mostrar só para você".

Na hora, fiquei um pouco assustada, mas fingi não me impressionar (aprendi que era a melhor estratégia nessas situações). Disse o seguinte:

— Ah, Pezão! Lava isso aí, vai! Se você está fazendo isso para me chocar não vai conseguir. Já falamos sobre isso, e não é a melhor forma de me dizer que está com raiva de mim. A melhor forma é você dizer, com palavras, o que está sentindo.

E, assim, ele escreveu em um papel sobre como entendeu essa minha ausência, me entregou na sessão seguinte e trabalhamos juntos o significado dela, para ambos.

Pezão era tatuador, dizia ter aprendido sozinho. Aparentemente, foi assim mesmo. Fazia tatuagens dentro dos presídios, com tinta derretida de aparelho de barbear, restos de caneta Bic, dentre outras coisas que eles faziam que levaria um bom tempo para eu entender e descrevê-las por aqui. Como a Maria-Louca, por exemplo, a aguardente que eles fabricavam sozinhos. Enfim, criatividade nunca faltou. O desespero e o instinto de sobrevivência impulsionam a criatividade do ser humano de forma extraordinária.

Em determinado dia, recebi a notícia de que Pezão havia se automutilado novamente, na frente de uma enfermeira recém-chegada ao hospital. Tirou os dedos (já costurados) e os jogou novamente na direção dela.

Fui até seu leito e, ao entrar, ele me disse o seguinte:

— Bom dia, dona Ingra. Preciso dizer que tenho uma navalha aqui comigo e quero me matar.

Lembrei que ele já havia me pedido, em um atendimento, lápis do tipo 6B e 2B. Gostava de desenhar no papel e de esfumar o desenho com os restos do grafite (com os dedos). Eu, então, prontamente sugeri:

— Pezão, e se eu trouxer os lápis e papel cartão para você desenhar? Fazemos uma troca. Você pode usar a navalha para raspar o grafite, esfumar e depois me devolve tudo, os lápis, a folha e a navalha.

Ele aceitou.

Fui, então, buscar os materiais e voltei.

Tudo correu bem. Ele fez desenhos lindos para me dar. Mas, quando ia me devolver a navalha e os outros objetos, apareceu um agente penitenciário. Eu estava de costas para a porta, de frente para Pezão e com as mãos estendidas. Só ouvi o agente questionando o que ele tinha em suas mãos para me dar. Naquele momento eu estava entrando em desespero. Sabia que o guarda não entenderia o significado da minha proposta, não entenderia o que aquela navalha fazia ali, ainda mais sem saber de todo o contexto da situação (ideação suicida ou manipulação, que seja).

Eu simplesmente travei. Olhei para Pezão e sabia que, naquele momento, não tinha qualquer alternativa senão confiar nele. Ele poderia falar ou fazer algo contra mim ou me ajudar. Ele, na maior calma (digna de um antissocial), fechou a mão com a navalha lentamente. Com a outra, pegou os lápis, a borracha e o papel. Colocou tudo sobre minhas duas mãos, e fechando-as com o maior cuidado, disse:

— Está tudo aqui, dona Ingra, lápis, borracha e papel que a senhora me deu para fazer a atividade. Muito obrigada.

Eu saí sem pronunciar uma palavra. O agente ficou olhando para mim, sem entender muita coisa, e eu, sinceramente, também não entendia nada. Fiquei com a mão fechada, enfiei dentro do bolso do jaleco e sai da ala B. Quando cheguei ao meu consultório, abri a mão e lá estava a navalha. Fiquei pensando em tudo o que poderia ter acontecido naquele momento, mas ao mesmo tempo tive uma sensação de dever cumprido. Consegui manejar uma crise e atingi meu objetivo, que era ajudar meu paciente. Para minha sorte, Pezão fez tudo o que precisávamos, naquele momento. Nada como um indivíduo frio e calculista para lidar com situações que pedem frieza e calculismo.

A seguir, os desenhos de Pezão.

Obrigado
Por
me
Presentear
com a sua paciência!

Ingra

13. Eugenismo e o sistema carcerário brasileiro

A teoria eugenista foi apresentada em 1883 por Francis Galton, definida como um estudo dos agentes sob o controle social que poderiam melhorar ou empobrecer as qualidades raciais das futuras gerações, mentalmente ou fisicamente. Uma técnica já utilizada com espécies de plantas e animais, chamada de reprodução seletiva ou melhoramento genético, na qual os considerados "melhores" eram manipulados para que seus genes se reproduzissem e os "piores" eram evitados, impedindo sua continuidade. Na realidade, ela sustentava a ideia de limpeza social. Com o objetivo de "melhorar" a qualidade genética da população, marginalizava e excluía indivíduos considerados indesejados. Basicamente, buscava preservar as camadas mais privilegiadas da sociedade, tirando os indesejados da vista e do convívio social. Essa teoria foi usada por Adolf Hitler para justificar o genocídio que provocou na Segunda Guerra Mundial, em 1939-1945.

Na minha percepção, o Brasil sustenta essa prática de forma velada. Quem entra numa instituição prisional não tem dificuldade em perceber que a maioria é pobre, negra, imigrante, portadora de doenças crônicas ou contagiosas, dependente química e com transtornos mentais. As mulheres, em sua maioria, abandonadas.

Basicamente, é um depósito de pessoas indesejadas pelas camadas privilegiadas da sociedade.

Recordo-me de um atendimento ambulatorial no qual chegou ao meu consultório uma paciente com síndrome de Tourette, um distúrbio do sistema nervoso que envolve movimentos repetitivos ou sons indesejados. Ela reproduzia sons repetitivos e gritos indesejados entre suas falas, envolvendo xingamentos e palavras obscenas. Relatou que foi privada de liberdade, acusada de tentativa de homicídio de seu filho recém-nascido. A paciente teve uma crise e sem querer derrubou a criança no chão. A vizinha entendeu aquilo como um crime, denunciou a mãe da criança. Chorosa, contava como era difícil a convivência com outras mulheres dentro de uma cela, já que ninguém entendia seu diagnóstico. Era agredida diversas vezes, e tanto sua ansiedade como suas crises aumentavam a cada dia em isolamento.

Eu me questionava se lá era o lugar certo para aquela menina, que mais parecia uma criança.

O sistema carcerário promove a mortificação da identidade, da individualidade e da privacidade dos indivíduos privados de liberdade. Em cada cela/leito em que eu entrava, percebia marcas na parede, feitas por pacientes que lá haviam passado anteriormente. Atendi um paciente bastante religioso que se incomodava com um desenho feito na parede do seu leito. Era um palhaço dando uma gargalhada perversa, com armas de fogo, jogos de sorte e um escrito dizendo "sorte ou revés". Ele dizia que não suportava olhar para aquele desenho toda noite, sentia-se invadido. Também atendi um paciente que chegou ao meu consultório dizendo que havia colocado a melhor roupa para me encontrar. Tinha os cabelos molhados e penteados com um pente fino, uma blusa branca rasgada com as iniciais do hospital e uma calça marrom bem larga. Os cremes de corpo eram colocados em garrafinhas de plástico, de suco. Colecionavam copinhos plásticos e etiquetas das gelatinas, tampas de marmita ou qualquer coisa que pudessem chamar de sua, na tentativa de recuperar sua individualidade.

Muitos vinham com um discurso de que entraram para o crime para buscar algo que o Estado não ofereceu. Lembro muito bem de um paciente que se autodenominava Robin Hood. Dizia que tirava dos ricos para dar para os pobres. Entendia seus crimes como um trabalho de honra.

Pedi para que ele colocasse sua história de herói em um papel.

HOMEM LEVANDO MANTIMENTOS
PARA AQUELES QUE O GOVERNO
NÃO ASUDOU.
DEUS ASUDOU DEIXANDO
O TEMPO ENSOLARADO
PARA UM BOM ATO.

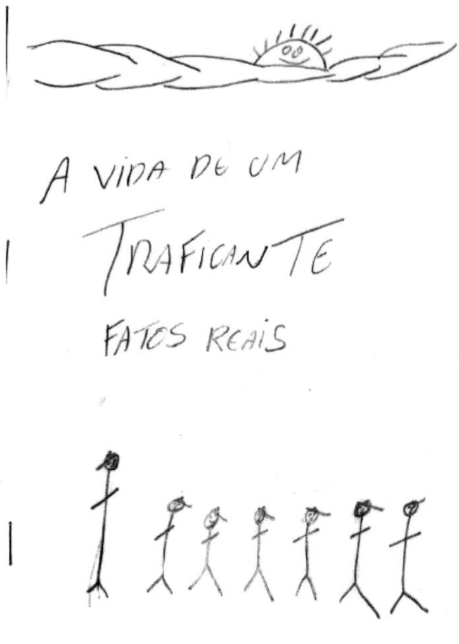
A VIDA DE UM
TRAFICANTE
FATOS REAIS

ERA UMA VEZ ROBEUDE
ELE ERA MEIO MALUQUINO MAIS TINHA UM
CORAÇÃO BOM QUE UMA VEZ INDO ASSINA UM
B.O PORQUE FOI PRESO, AJUDOU UM MORADOR
DE RUA PELO CAMINHO.
AJUDOU COM UMA BOLACHA E UM DANONE.

O ROBEUDE ERA TRAFICANTE, QUE VENDE DROGAS
PORQUE NA ESCOLA NÃO TINHA RESPEITO AO
PROXIMO.
OS MULEQUE XIGAVA A MÃE DELE DE MULA-MANCA.
ELE SE SETIA ATACADO E CHEIO DE RAIVA.
POR ISSO QUEBRAVA A CARA DOS MULEQUE
AOS 12 ANOS MEU PAI ABANDONOU NOSSA
FAMILIA (EU MINHA MÃE I IRMÃS).
ROBEUDE FICO BOLADÃO E TRAFICOU PARA AJUDA
A FAMILIA.
QUANDO DAVA, TRABALAVA DE AJUDANTE DE PEDRERO I QUANDO NÃO DAVA, TRAFICAVA
O BOM DO TRAFICO E O DINHEIRO FACIL
O RUIM É QUE VAI PRESO OU PODE LEVA A SU
MORTE.

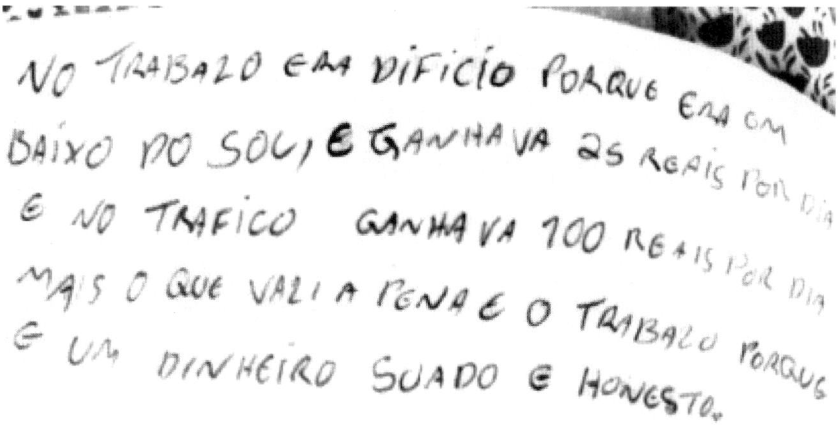

NO TRABAZO ERA DIFICIO PORQUE ERA CM
BAIXO DO SOL, E GANHAVA 25 REAIS POR DIA
E NO TRAFICO GANHAVA 100 REAIS POR DIA
MAIS O QUE VALI A PENA É O TRABAZO PORQUE
É UM DINHEIRO SUADO E HONESTO.

HOJE ME SINTO BEM PORQUE EU ESTOU VIVE
DEPOIS DE CAI DE 12 METROS DE ALTURA
E TENHO MEDICOS TODOS OS DIAS.
MAIS O MELHOR E LIBERDADE. AGURA QUE ESTO
COM OMA FRATURA NA COXA. ESTOU TRAQUILO
E QUNDO SAIR DE CADEIA VOU FICAR NA
PAZ TRABALANDO

UM NOVO COMESO...

14. Psicóloga também tem sonhos esquisitos

Se meus pacientes sonham e podem interpretar seus próprios sonhos, por que eu não faria o mesmo? A seguir, um sonho que me marcou.

Um assalto aos meus pensamentos

> *Nesta noite sonhei que morava em um subsolo (era meu apartamento mesmo) onde o teto era transparente e todos que passavam conseguiam olhar para mim. Parecia que eu estava dentro de uma piscina vazia, com um teto de vidro entreaberto. Passavam apenas homens sozinhos e olhavam, eu me incomodava, mas ficava sentada em uma cadeira sem reação, não com medo, apenas atenta e observando. Estava sentada e confusa porque entraram na minha casa, sem eu perceber, e tiraram todas as coisas do lugar. Não levaram embora, apenas tiraram do lugar. Ninguém acreditou em mim quando falei, mas eu sabia que era verdade. Depois, sonhei que eu tinha dinheiro na bolsa, e quando mexia nesse dinheiro, dois homens disseram que eu escondia aquele dinheiro deles. Eu disse que não precisava deles para nada. Percebi que quando tirei várias notas de 100 reais da bolsa, elas se rasgaram ao meio, e eu fiquei com medo de elas não servirem mais para nada.*

Lendo meu sonho, achei engraçado que eu criei uma cena muito parecida com meus atendimentos no hospital. Eu sempre preciso ficar na porta do leito individual do paciente, sem entrar e de porta aberta, senão os agentes inventam que eu tenho uma relação com o paciente (absurdo, mas já aconteceu). O que é engraçado, porque são agentes que me assediavam, no começo, mas agora eu já aprendi a colocar limites e isso diminuiu. Ao mesmo tempo, enquanto eu atendo, outros pacientes ficam passando atrás de mim e olhando. Às vezes interrompem. E eu preciso ficar esperta, pois, uma vez, um paciente psiquiátrico mordeu minha orelha. Ainda bem que ele não tinha dente. Depois desse dia, eu fico atenta ao paciente na minha frente, aos pacientes andando ao meu lado (com as costas encostadas na parede) e pensando no que eu não posso fazer para que os agentes não sexualizem meu atendimento. Sem demonstrar medo, porque não posso. Às vezes tento entrar antes da tranca (eles saem dos leitos às dez da manhã e voltam às cinco).

Enfim, achei bonitinha a parte em que eu digo que mexeram nas coisas da minha casa, mas não as levaram. Acho que a casa é minha cabeça e os móveis são meus pensamentos. Isso tudo bagunça um pouco minha cabeça mesmo, não posso ficar falando para as pessoas, mas no final tudo dá certo, ninguém me leva nada embora e eu arrumo. E eu gosto de trabalhar lá, não sei por quê. Acho que porque gosto de desafios e de aprender. De quebrar tabus. Isso me fortalece, principalmente nas relações aqui fora.

Acho que a parte do dinheiro, no sonho, é porque me sinto invadida e revoltada em alguns momentos. Lá, a maioria dos pacientes sempre dizem que “montam” suas esposas (silicone e bens materiais) e que elas são deles, como um objeto.

Isso me incomoda. E já vivi relacionamentos abusivos. Então talvez esse medo de precisar depender de alguém tenha vindo em meu sonho.

15. Psicóloga também escreve para aliviar suas angústias

Relato de experiência

6 de abril de 2021

Hoje, realizei um atendimento de seguimento em psicoterapia com um paciente privado de liberdade, por acusação de abuso sexual. A vítima foi sua enteada de 12 anos.

O paciente está em ala A de hospital penitenciário, onde ficam os acusados de crimes sexuais e que são considerados opositores da facção PCC.

Toda semana atendo este perfil de pacientes e confesso que é difícil eu me aprofundar muito em suas questões, pois a maioria é perversa, tem transtorno de personalidade antissocial. Mas este caso, em específico, me chamou a atenção e me causou um momento interessante de reflexão.

No primeiro contato, o paciente seguiu o discurso padrão, tentando justificar seu ato colocando a culpa na vítima.

Hoje, no terceiro atendimento, comecei a aprofundar um pouco na questão. Ele tinha dificuldade em olhar em meus olhos e de repente ele me contou que foi abusado sexualmente aos 4 anos de idade pelo seu tio. Que sua mãe soube e nada foi feito em relação ao abusador, que continuou convivendo com meu paciente durante anos.

Chorou bastante, mas quase sem mover um músculo do rosto. Senti verdade em suas lágrimas silenciosas escorrendo, que escapavam sem controle. Disse que nunca havia falado isso para ninguém e que sentia vergonha.

Após isto, relatou que seu padrasto o chamava de "princesão" ou "princeso" todas as vezes que o via se arrumando na frente do espelho, querendo dizer que ele era homossexual (sic). Seu padrasto machista sempre questionava, então, sua masculinidade.

Explicou também que tinha um relacionamento conflituoso com a mãe da vítima, sua companheira. Ela o traiu diversas vezes e ele não conseguiu deixá-la.

Segundo o paciente, o ato libidinoso foi uma resposta e uma vingança à sua esposa, direcionado para a enteada.

Eu o questionei. Perguntei quantas vezes recusou uma mulher. Ele me disse que nunca, "pois um homem precisa fazer seu trabalho". Resposta que eu já esperava.

Perguntei se ele percebia que sua sexualidade fora violada e sua masculinidade questionada desde sua infância. Que o machismo o encurralava e que ele buscava formas de provar para si mesmo e para os outros que era potente, viril e "macho".

Comento que seu discurso é machista e que ele reproduz isso em suas relações. Ele chora e me pede ajuda. Pergunta como poderá carregar seus netos no colo, com esse tipo de acusação, com esse peso nas costas (sic). Questiona como ele pôde ter feito algo que sempre repudiou.

Propus uma reflexão sobre a sua infância em relação à infância da vítima. Como os dois eram vulneráveis e não conseguiam ainda diferenciar afeto de um ato libidinoso e criminoso.

Ele assume seu erro, diz que é responsável pelo crime e que não deveria responsabilizar a vítima. Demonstrou certa culpa, o que me trouxe esperança.

Finalmente, não sei dizer se acredito em todo o seu discurso, entretanto, não me apeguei a isso. Apeguei-me ao fato de que o machismo estrutural pode ser um determinante para os crimes sexuais, pelo menos em minha percepção.

O paciente relata uma experiência angustiante aos 4 anos e não teve acolhimento e suporte emocional (abuso sexual), em seguida relata outra experiência angustiante e traumática que também não foi trabalhada e validada (humilhado pelo padrasto). Com o agravante de traições constantes, que certamente o fizeram duvidar mais ainda da sua virilidade, o resultado foi catastrófico.

Eu acredito muito que o trauma não é apenas o fato/vivência em si, mas sim o que é feito dele. Se o paciente tivesse sido acolhido e recebido suporte emocional quando criança, talvez tivesse sua saúde mental preservada e não estaria privado de liberdade. Talvez.

Comparo muito este caso com o de outro paciente que atendi, há pouco tempo. O paciente foi abusado pelo tio, também, quando criança. Sua mãe tentou suicídio com ele e seu irmão no colo, pulando dentro de um fosso. Quando completou a maioridade, matou seu abusador. Atualmente, está condenado e preso por vinte anos.

A meu ver, existiriam outros caminhos a serem percorridos, se tivesse recebido suporte emocional. Como uma criança que sofre tanta violência pode ter capacidade de conviver em sociedade e criar vínculos? Como poderá estabelecer relações saudáveis?

Essa é uma questão que me coloco todos os dias, e sei que muita gente não entenderia...

16. Toda história tem um final

Toda história tem um final, e o meu, na verdade, prefiro chamar de recomeço. Renasci como profissional e como mulher. E, para que a gente renasça, é impossível descartar um sentimento inicial de luto, de desesperança e impotência.

Desde que comecei a trabalhar no hospital penitenciário, percebi que estava em um contexto extremamente machista e opressor, além de adoecido e que adoecia também. Um machismo reproduzido tanto por homens quanto por mulheres, principalmente pelos agentes penitenciários. Uma opressão seguida de uma necessidade extremamente narcisista de autoafirmação. Um adoecimento que representava os danos causados em uma instituição pela falta de suporte à saúde mental – de todos os envolvidos, desde o oprimido até o opressor.

Fui, diversas vezes, parada pela segurança no meio do hospital e repreendida por diversos motivos. Sempre tive consciência de que ela não tinha conhecimento do meu trabalho e que eu precisaria lidar com isso. Só não sabia que seria tão difícil. Existia um cuidado com minha segurança, é claro, mas não havia uma regra para todos, cada um entendia e exigia essa segurança de forma particular. Lembro-me quando fui parada por uma agente penitenciária que desejava desesperadamente fechar todos os botões do meu jaleco. Ela mesma, com suas mãos, tocou em mim e fechou minhas vestes, um comportamento que não apresentava com os homens. Em um outro momento, lembro-me de que estava com um sutiã de aro (metal) e fui proibida de entrar para atender meus pacientes. Fui levada até o banheiro por duas agentes penitenciárias, que rasparam meu sutiã na parede, para que o pano fosse rasgado e o metal então saísse. Calada, atendi meus pacientes e, quando cheguei em casa, joguei o que sobrou do sutiã no lixo.

Por diversas vezes, ouvi brincadeiras inadequadas e sexistas de agentes penitenciários. Coisas como: "vou deixar você presa aí dentro e te levar suquinho e comidinha, cuidar de você", ou "o que você faz tanto tempo aí dentro conversando com os presos?". Tentavam, de diversas maneiras, desqualificar meu trabalho e insinuar que eu oferecia algum tipo de benefício para meus pacientes que não o relacionado ao meu trabalho. Em alguns momentos, eu respondia com meu silêncio; em outros, respondia passivamente qualquer coisa que soasse como "burrice e ingenuidade feminina", com medo de destratá-los e ser punida, já que eram funcionários públicos.

Obviamente havia algumas exceções, isto é, agentes que me tratavam com respeito. Meu intuito aqui não é desqualificar os profissionais, porém contar minha experiência, que infelizmente não foi positiva.

Durante seis meses, um agente penitenciário (que para meu azar se tornou chefe de segurança) me assediou moralmente e sexualmente, causando em mim um sentimento de desprezo, de impotência, raiva e insegurança. Um misto de sensações que eu não conseguia administrar muito bem. Recordo-me de, em um dia normal, ir calada para um canto do hospital com uma caneta azul e uma folha em branco. Escrevi todos os adjetivos ofensivos que vinham em minha cabeça para descrevê-lo. Escrevi diversas vezes, chorando em silêncio, e depois rasguei a folha e a joguei no lixo. Era a única coisa que eu poderia fazer naquela situação. Foi um sentimento horrível perceber que, de fato, minhas emoções não significavam nada mais do que algo descartável e insignificante perante a instituição e o seu sistema de funcionamento.

Ouvi diversas frases mal colocadas, insinuações sem fundamento e que nitidamente mostravam a forma como esse homem me enxergava, como um objeto de seu desejo, particularmente do seu imaginário doentio e de suas fantasias individuais e machistas. Depois de várias tentativas malsucedidas de obter minha atenção, inclusive tentando me comparar com sua filha adolescente, esse homem começou a me proibir de atender alguns pacientes, ou, então, solicitava que um ou dois agentes o acompanhassem até meu atendimento. Ficavam de braços cruzados, olhando-nos e ouvindo nosso diálogo (o que era extremamente invasivo e prejudicial ao meu trabalho como psicoterapeuta).

Com o tempo, comecei a normalizar aquilo. Era minha rotina, e eu precisava trabalhar. Nós, mulheres, geralmente fazemos isso. Infelizmente, naturalizamos o assédio, para suportar algumas situações. Comecei a fazer o que era possível. Calada. Cheguei até a duvidar de mim mesma, pensando que poderia estar exagerando ou sofrendo por algo que era loucura da minha cabeça.

Em determinado momento, meus pacientes do PCC começaram a perceber o que estava acontecendo e passaram a me questionar. Eles têm uma ética sobre assédio e violência sexual. Entendem que, se uma profissional é vítima desse tipo de situação, suas mães, filhas e esposas também podem ser. A partir de então, entendi que não era loucura da minha cabeça.

Ouvi durante meses meus pacientes dizendo:

— Senhora, esse cara tá pesando na sua, hein! A gente tá sacando!

Eu dizia que era impressão deles.

Certo dia, um deles entrou na minha sala de atendimento, antes da hora. Eu estava chorando. Escondi o rosto, coloquei a máscara, enxuguei as lágrimas e não disse absolutamente nada. Ele, então, se sentou na minha frente e disse:

— Eu sei por que a senhora Ingra tá chorando. Por isso a gente mata esses filho da puta.

Fiquei assustada. Eu sabia que, se falasse algo para eles, alguma coisa poderia acontecer. Quieta, engoli o choro e segui com meu atendimento.

Certo dia, um paciente denominado pela facção como "Disciplina" (que era o líder da ala à qual pertencia), enviou-me um "pipa" pela assistente social, solicitando um atendimento com urgência. "Pipas" são recados que os pacientes escrevem em uma folha sulfite para solicitar atendimento.

Consegui entrar na ala em um dia específico, ciente de que não era o plantão do indivíduo que me assediava. Achava que seria uma demanda individual do meu paciente.

Quando entrei na ala, fui até o final do corredor, onde alguns indivíduos privados de liberdade se reuniram. Alguns eram meus pacientes, outros não. O Disciplina me disse então:

— Senhora, se arranjarem briga com a senhora arranjam briga com a gente. A gente já sacou o que está acontecendo. A senhora é mil grau, trata a gente com humildade e com respeito, ajuda a entender nossos problemas, a falar com nossa família, e valorizamos o trabalho da senhora, precisamos do trabalho da senhora. Não é justo os outros conseguirem atender a gente e a senhora ser proibida.

Eu disse:

— Não quero que façam nada em relação a isso, pois prejudicará a vocês e a mim.

Ele respondeu:

— Já fiz. Já trocamos uma ideia com ele e agora está *doze doze*!

Questionei o que era *doze doze* e eles me disseram que significava "eles por eles", "0 × 0". Tudo resolvido.

Sinceramente, não sei como foi essa conversa e acredito que nunca saberei. O fato é que minha vida só piorou depois do ocorrido. Claramente, o indivíduo assediador entendeu aquele recado como uma ameaça à sua virilidade e como um indicativo (fantasioso) de que eu oferecia algum benefício para a facção. Obviamente ele pensava isso, já que não entendia meu trabalho e me enxergava apenas como um objeto de desejo. Provavelmente, para ele, eu vivia para servir aos homens. Em nenhum momento ele deveria imaginar que mulheres apenas querem fazer o seu trabalho e serem reconhecidas por isso.

Ingenuamente, pensando que pudesse encontrar o mínimo de civilidade e capacidade de diálogo por parte da segurança, questionei um colega do agente sobre o porquê de estar sendo proibida de atender meus pacientes. Ele disse que o indivíduo assediador iria até minha sala para conversar comigo.

Fui, então, até minha sala. Esperei, apreensiva.

Ninguém apareceu. Quando estava terminando meu expediente, fui solicitada a comparecer à sala do indivíduo. Ele questionou meu trabalho, fazendo insinuações agressivas sobre minha conduta profissional. Perguntou o que eu tanto precisava conversar com meus pacientes, sendo que meu principal instrumento de trabalho é a comunicação. Tentei pontuar, de forma ética, uma justificativa para todas as suas insinuações.

Ele, então, sem mais argumentos, me disse que fazia aquilo pela minha proteção.

Eu esqueci, naquele momento, de todos os meus medos (inclusive de ser demitida) e disse:

— Você não faz isso para me proteger. Eu posso ser uma mulher jovem e outras coisas mais que passam aí pelas fantasias da sua cabeça, mas eu sempre fiz meu trabalho de forma ética. Me sinto mais protegida pelos meus pacientes do que por você.

Falei sobre minha formação acadêmica, dentre outros.

E pontuei:

— Não preciso ser mais direta, né?

Obviamente, indicando seu assédio.

Ele, gritando, disse:

— Vai reclamar para o diretor!

Nesse momento, outro agente penitenciário entrou na sala e me pediu desculpas, dizendo que tinha havido um problema de comunicação e por conta disso eu estava sendo proibida de atender meus pacientes. Diga-se de passagem, havia uma agente ao meu lado. Ela, porém, seguiu muda durante toda essa conversa. Imagino que, como mulher, também não teria voz e devia ter medo de ser punida caso se posicionasse. Pode, também, apenas não ter se sensibilizado com minha dor e me achado uma louca (como mulheres que se posicionam são vistas).

Eu fui embora extremamente nervosa e sabendo que provavelmente seria punida. Era uma sexta-feira.

Na segunda-feira, cheguei ao hospital penitenciário e percebi que a segurança procurava minha coordenadora desesperadamente. Ela não se encontrava no hospital, já que passava por algumas sessões de quimioterapia, para tratar uma neoplasia no seio. Estava em *home office* e apenas em alguns dias ia até o hospital.

De repente, recebo uma ligação dela, explicando que eu não poderia entrar nas alas de nenhum de meus pacientes. Estava proibida pelo diretor de segurança, que recebeu um relatório do indivíduo que me assediava, alegando que eu o havia destratado na sexta-feira.

Fiquei extremamente nervosa e atendi alguns pacientes que consegui chamar na minha sala, sentindo que era uma prisioneira também. Como se eu estivesse errada por fazer meu trabalho.

Na quarta-feira da mesma semana, minha coordenadora foi até o hospital e me pediu para comparecer na sala da diretora de saúde.

Inicialmente fiquei aliviada, pois resolveria aquela situação. Minha chefe, sempre que possível, me ofereceu suporte para questões desse tipo. Esperava que uma outra mulher, a diretora, entendesse meu ponto de vista e trouxesse uma solução. Afinal, na minha cabeça, mulheres devem oferecer suporte para outras mulheres.

Entrando na sala da diretora, eu a vejo sentada em sua mesa. À sua frente estavam sentadas minha chefe e a mulher responsável pelas demissões do hospital. Naquele momento já sabia o objetivo da reunião.

A diretora me disse:

— Ingra, você já deve imaginar por que está aqui. Eu tomei a decisão, por conta própria, de te desligar do hospital. Mas quero ouvir o que você tem para me dizer.

Eu, com algumas lágrimas começando a escorrer pelo rosto, respondi:

— Com todo o respeito, se você já tomou sua decisão sem me ouvir, não vejo necessidade de contar e muito menos reviver toda essa situação dolorosa. Posso assinar a demissão e ir embora.

Ela afirma:

— Olha, Ingra, tenho um papel aqui escrito pelo agente penitenciário dizendo algumas coisas sobre você. Dizendo que você alegou preferir os "bandidos" aos agentes penitenciários.

Eu não sei, de fato, tudo o que estava escrito ali. Pedi uma cópia, mas a diretora disse que não poderia me dar. Confesso que ao saber que o papel escrito por um homem que me assediava simplesmente causou minha demissão, engasguei-me nas minhas próprias lágrimas. Principalmente porque não tive possibilidade de explicar minha versão.

O auge da conversa foi a diretora dizendo que, como médica, já havia sofrido muito assédio e levado muitas "encoxadas" em sala de cirurgia. Que todas as mulheres passam por isso e é normal. Sim, ela disse que isso é normal.

Disse, também, que ela teve a sorte de poder pedir ajuda e ser ajudada naquelas situações.

Eu então fiz a seguinte pergunta, depois de ouvir seu discurso extremamente narcisista, como se tudo aquilo fosse sobre ela:

— Quer dizer que você recebeu suporte, então, quando foi vítima de assédio?

Ela respondeu:

— Sim. Tive sorte.

Eu concluo:

— Eu esperava isso de você. Pena que eu não tive a mesma sorte.

Após ouvir minha colocação, ela tentou colocar a culpa sobre mim, por não pedir ajuda. Posteriormente sobre minha chefe, por não ter supostamente me oferecido suporte. Em nenhum momento ela pontuou o comportamento do agente penitenciário como causador de todo o contexto.

Expliquei todos os acontecimentos, inclusive a conversa com meus pacientes.

Ela, então, afirmou:

— Não imaginava que você soubesse que seus pacientes tinham te defendido. E, sim, foi estranho, pois na história do hospital penitenciário nunca houve esse tipo de situação. Foi suposto que você oferecia algum benefício a eles.

Eu completei:

— Claro, porque é muito difícil entender que o benefício que eu oferecia era tratá-los como seres humanos. O que, pelo visto, é algo muito difícil de acontecer aqui dentro. Sendo assim, eu estou sendo demitida por fazer um bom trabalho e por ser vítima de assédio. Nada como ser mulher, vítima e punida.

Ela finalizou:

— Não sei o que te dizer. Estou fazendo isso para te proteger, porque sua vida vai ser um inferno daqui para a frente, aqui dentro.

A famosa frase: "Fiz isso para te proteger". Como se minha vida já não estivesse difícil lá dentro, sofrendo assédio.

Eu me levantei, assinei meu papel de demissão. E fui embora.

Senti alívio por sair de lá e, ao mesmo tempo, uma sensação de desespero e impotência. Assim como o assediador justificou sua conduta como uma forma de me proteger, a diretora utilizou-se da mesma justificativa para me demitir, por não ter mais argumentos fundamentados.

Era esperado esse tipo de comportamento de um homem, mas ouvir isso da boca de uma mulher foi extremamente humilhante.

E o final da minha história, dentro do hospital penitenciário, foi esse. O assediador continua no mesmo lugar. Pelo menos até quando tive notícias dele.

Dissertando sobre essa minha experiência, me vem à memória um livro escrito por Mary Wollstonecraft (1759-1797), no final do século XVIII, chamado *Reivindicação dos direitos da mulher*, em resposta à Constituição Francesa de 1791, que não incluía as mulheres na categoria de cidadãs. A autora se tornou um referencial teórico para as precursoras do feminismo contemporâneo e, alimentando-se do legado iluminista (liberdade, igualdade e fraternidade), contestou o discurso dominante em que se apoiava a subordinação da mulher ao homem como um dado da natureza.

As mulheres desse período eram excluídas da educação formal, das universidades e das possibilidades de uma carreira de nível superior. O casamento as transformava em dependentes legais do marido, não podendo gerir os próprios bens e nem trabalhar sem consentimento. A eterna menoridade como destino das mulheres.

Junto com outras mulheres, Wollstonecraft me inspira na luta contra a moral sexista e conservadora que se estende até os dias de hoje, infelizmente. Progredimos muito, claro. Porém com muita dor envolvida.

Mary Wollstonecraft defendia que a educação negligenciada era a principal causa da infelicidade e da fraqueza das mulheres. Um sistema de educação falso, extraído de livros escritos por homens, que consideravam mulheres mais como fêmeas do que criaturas humanas, e que estavam mais interessados em torná-las damas sedutoras do que esposas afetuosas e mães racionais. A autora fala sobre a distorção do sexo feminino, por uma ilusão de que as mulheres anseiam apenas inspirar amor, quando deveriam nutrir uma ambição mais nobre e exigir respeito por suas capacidades e virtudes. Ela não nega um grau de superioridade física masculina sobre as mulheres, mas defende que os homens se empenham em desqualificá-las ainda mais, com o intuito de convertê-las em objetos de atração momentânea.

De acordo com a autora, entendo que a mulher é um indivíduo racional e não está em um estado de perpétua infância, incapaz de se proteger ou ficar sozinha. A mulher precisa adquirir força, tanto da mente quanto do corpo, e entender que uma ambição louvável é obter caráter enquanto ser humano, independentemente da distinção de sexo. A instrução que as mulheres recebiam, de certa forma, tendia a fazer delas insignificantes objetos de desejo. Privá-las de uma educação formal as tornava inúteis quando não possuíam mais o privilégio da beleza.

Nós, mulheres, temos conquistado alguns espaços na sociedade, com muita luta ao longo dos tempos. Muitas que lutam pela liberdade de escolha, pela independência financeira, pela igualdade de gênero, porém, ainda hoje são taxadas como masculinas ou loucas. E muitas mulheres, com medo desse julgamento, acabam reproduzindo o machismo, de forma burra.

Antes mesmo de Simone de Beauvoir (1908-1986), Mary Wollstonecraft já dizia que "ninguém nasce mulher".

Simone deu continuidade ao pensamento de Mary, reforçando que "ninguém nasce mulher, torna-se mulher".

E, neste instante, escrevo e vivo um momento só meu, em um mundo só meu. Precisei voltar-me para mim mesma para suportar o fardo de decidir

Referências

American Psychiatric Association. (2014). *Manual diagnóstico e estatístico de transtornos mentais: DSM-5* (5ª ed.). Artmed.

Carreteiro, T. C. (2003). Sofrimentos sociais em debate. *Psicologia USP.*

Chinalia, M. J. (2012). *Mulheres na prisão: estudo psicanalítico sobre um documentário brasileiro* (Dissertação de mestrado). Pontifícia Universidade Católica de Campinas, Campinas – SP.

Goffman, E. (2015). *Manicômios, prisões e conventos* (D. M. Leite, Trad.). Perspectiva. (Trabalho original de 1961)

Gonçalves Filho, J. M. (1998). Humilhação social – um problema político em psicologia. *Psicologia USP*, *9*(2).

Marmorato, P. G., & Andrade, E. R. (2022). Transtornos da conduta na infância e na adolescência e transtorno de personalidade antissocial. In M. R. Louzã & M. Rodriguez (Orgs.), *Transtorno da personalidade* (2ª ed.). Artmed.

MJSP – Ministério da Justiça e Segurança Pública (www.gov.br).

Winnicott, D. W. (1983). *O ambiente e os processos de maturação: estudos sobre a teoria do desenvolvimento emocional* (I. C. Schuch Ortiz, Trad.). Artmed.

Winnicott, D. W. (2019). *O brincar e a realidade* (Breno Longhi, Trad.). Ubu.

Winnicott, D. W. (1986). *Tudo começa em casa* (Paulo Sandler, Trad.). Martins Fontes.

Wollstonecraft, Mary. (2016). *Reivindicação dos direitos da mulher* (1ª ed.; I. Poccinho Motta, Trad.). Boitempo.

GRÁFICA PAYM
Tel. [11] 4392-3344
paym@graficapaym.com.br